IF YOU WANT PEACE, PREPARE FOR WAR, 2018 © Hugo Dinër, courtesy the artist, picture cred[...]
Glass, Mdf, paint, steel, 60 x 90 cm

POP. KULTUR UND KRITIK
HEFT 25 HERBST 2024
www.pop-zeitschrift.de

POP. KULTUR UND KRITIK
HEFT 25 HERBST 2024

INHALT

RUBRIKEN:
ZUR ZEIT
ESSAYS

◆

ZUR ZEIT

ESSAYS

TAROT GARDEN, 2024 © Sinaida Michalskaja

ВЕРЕЩАГИН В.В.
АПОФЕОЗ ВОЙНЫ. 1871

SEITE *8 – 137*

ZUR ZEIT

Welche Ereignisse der letzten Zeit lohnen einen Rückblick? Was verdient eine kritische Zusammenfassung? Welche Analysen oder Kommentare zählen nicht zum Konsens der aktuellen Berichterstattung? Feste Autorinnen und Autoren geben darauf Antworten, in jedem Heft in den Bereichen Musik, Mode, Politik, Literatur, Presse, Event, Essen, Internet, Multimedia, Technologie, Ökonomie, TV, Sex, Design, Sport, Marketing.

Die Artikel dieser Ausgabe wurden von Mai bis Juli 2024 geschrieben.

PROXIES

Urs Stäheli

◆

Kaum eine Generation gilt als so ängstlich und gestresst, aber auch so gesundheitsbewusst und authentizitätshungrig wie die Generation Z. Das zumindest behaupten Marketingstudien, die sich für die neuen Konsumvorlieben und Codes dieser Generation interessieren. Besonders für die Alkoholindustrie erweist sie sich als Herausforderung. #sobercurious trendet in den Sozialen Medien, einige sprechen sogar von einer Bewegung des »mindful drinking«. Besonders nach dem Höhepunkt der Coronapandemie hat der »dry january« eine erstaunliche Popularität erlangt (»Time«, 04.01.2024), welche Winzer·innen und Weinhändler·innen zu beunruhigen beginnt.

Laut einer neuen Studie, so berichtet »Newsweek« (15.07.2024), haben 64 % der US-amerikanischen Generation Z während der letzten sechs Monate keinen Alkohol getrunken – der Trend bestätigt sich auch weltweit. William Higham erklärt sich dieses Verhalten durch die Risikoaversität der Gen Z: »Partly because parents and the media have made them so [helicopter parenting, clickbait headlines, Naomi Klein's theory of ›politics of fear‹ etc.]. Partly because they are under more pressure than previous generations.« Für eine klassische Rock-Ästhetik mag diese Abkehr von (Alltags-)Rausch und Exzess bedauerlich wirken. Spätestens mit der Hinwendung zu einem ›cleanen‹ Lifestyle, basierend auf einem beständigen Imperativ der achtsamen Risikominimierung, gerät jede von früheren Generationen endlos und ermüdend romantisierte Transgression unter Verdacht; selbst der als unecht geltende Glamour von Pop wird zum Opfer des erneuerten Authentizitätsethos.

@ Mysa Natural Wine

Es wäre allerdings wohlfeil, in eine Verlusterzählung einzustimmen; vielmehr zeigt sich gerade auf dem Feld des Alkohols, zu welchen kulturellen Veränderungen dieser Wandel führt. Konzerte und Clubs waren lange Zeit ohne Alkohol kaum vorstellbar; einige Musikgenres zeigen sich auch in ihren Lyrics besonders alkoholinteressiert – so in einer Studie über Lyrics des Center on Alcohol Marketing and Youth aus dem Jahre 2013: »Hip-hop, rap, R&B and country songs included references to Patron tequila, Hennessy cognac, Grey Goose vodka, and Jack Daniel's whiskey, which is featured in half of the songs that mentioned alcohol, the study found.« Auffallend ist, dass hier vor allem Spirituosen genannt werden, manchmal von Bier die Rede ist, aber recht selten – abgesehen von Champagner – von Wein. Obgleich Wein gewiss auch in Pop-Musikkontexten in großen Mengen und gerne konsumiert wird, so taugt er aber wenig zur popspezifischen symbolischen Aufladung. In Songtexten wird bestenfalls zwischen Weiß- und Rotwein (»Red, Red Wine« von UB40) unterschieden; nur selten, wie in Alanis Morissettes »Ironic«, ein Chardonnay gesippt. Ansonsten gilt aber, dass Wein zu leise ist für Pop und nur ein schlechter Proxy für die großen Gefühle – so zumindest Carrie Underwood in »Wine After Whiskey«: »Once you've tasted a love that strong you can't go back, and you can't settle on anything less; And that's what gets me; it's like having wine after whiskey.« Wein taugt auf der symbolischen Ebene meist nur generisch für Popmusik – und ist dann auch schon bald durch den ›real stuff‹ wie Whiskey oder, wenn es fein sein soll, einen ›pink champagne‹ ersetzt. Während bei Spirituosen in Hip-Hop-Songs häufig Marken genannt und gezeigt werden, gilt dies nur selten für Wein. Wenn es doch geschieht, dann wird der Stilbruch schnell hörbar, wie im Song »Wine, Wine, Wine« (2024) des LA-Hip-Hop-Sommeliers Dev The Somm, mit etwas bemüht konkreten Empfehlungen von Weingütern: »Freemark Abbey, Heitz Cellar (you gonna wanna write this down), Alpha Omega, Arnyca, IBest (you gonna wanna write this down) …«.

Der Song macht unfreiwillig das Spannungsverhältnis zwischen Wein als Generikum und einer Differenzierung von Wein deutlich. Die symbolische Aufladung von Weinwissen, ironisch zelebriert in Filmen wie »Sideways«, verträgt sich schlecht mit einem Pop-Bewusstsein, das Wein vor allem als Stimmungsfaktor oder Rauschmittel betrachtet. Der Weinkennerïnnendiskurs verfügt zwar über einige formale Parallelen mit dem Pop-Durchblicker-Expertentum, dennoch steht er als legitimes kulturelles Kapital dem Popmusikwissen entgegen. Allenfalls wird der Distinktionswert von Wein allgemein erwähnt wie von Kylie Minogue: »Drinkin' fine wine if you like the finer things in life« (»Fine Wine«).

Mit Minogue (Kylie Minogue Wines), Snoop Dog (19 Crimes) oder Pink (Two Wolfes Wine) haben in den letzten Jahren inzwischen auch Popkünstlerïnnen eigene Weingüter/-brands eröffnet – und sich dem ansonsten von Schauspielerïnnen dominierten Trend zu Celebrity-Weingütern angeschlossen. Die vorsichtige Affinität zwischen Pop und Wein verstärkt sich mit dem Auftauchen von Naturweinen, welche durch ihre naturnahe Manufaktur/DIY-Produktionsweise die etablierte Qualitätsweinindustrie herausforderten. Diese Popisierung von Wein ist unmittelbar an den Etiketten selbst ablesbar. Die klassischen, ernsthaften, häufig traditionsbewussten Etiketten sind Pop-Motiven und grellen Farben gewichen. Mit der Etablierung der Orange-Weine mischt, häufig zum Schrecken der klassischen Weinkennerïnnen, ein leuchtendes Orange die alte Farb-Trinität der Weinwelt zusätzlich auf.

Die Naturweine sind Ausdruck des gegenwärtigen ökologischen Bewusstseins: Keine Zusatzstoffe, keine fremden Hefen oder Sulfite werden verwendet. Der Wein soll möglichst unbeeinflusst von Menschenhand hergestellt werden; er gerät so als selbsttätiger Fermentationsprozess in den Blick. Diese Verbindung von Pop und Ökologie konnte die Verkaufsdelle durch die achtsame Generation Z zumindest etwas korrigieren. Während besonders die Umsätze der teuren französischen Subskriptionsweine eingebrochen sind, sind Naturweine gerade bei jüngeren Konsumentïnnen, sofern sie überhaupt noch Alkohol trinken, beliebt. In den angesagten Stadtteilen von Kopenhagen oder Los Angeles haben teilweise die Naturweinläden die klassischen Weinläden verdrängt; die experimentelle Spitzengastronomie setzt ebenfalls häufig primär auf Naturweine. So teuer viele Naturweine auch sein mögen, so haben sie aber auch den klassischen Weinkennerïnnendiskurs demokratisiert, da die alten, subtilen Bewertungskriterien nur noch mit Mühe etwa auf einen modrigen Stallgeschmack anzuwenden sind.

Dennoch – auch Naturwein enthält Alkohol und ist damit für die gesundheitsbewusste, pop-affine Käuferïnnengruppe nur eingeschränkt interessant. Genau dies ist der Einsatzpunkt von Proxies, d.h. nicht-alkoholischen Getränken, die an die Stelle von (Natur-)Wein treten. Die Wahl des marketingtechnisch etwas unhandlichen Proxy-Begriffs ist interessant – und antwortet auf ein epistemologisches Problem. Ein Proxy soll kein defizienter Wein wie z.B. entalkoholisierter Wein sein, sondern eine neue Kategorie etablieren: hochwertige nicht-alkoholische Getränke, die in ihrem Bouquet und ihren Geschmacksnuancen Weinen ebenbürtig sind.

Proxies bewegen sich zwischen Nachahmung und Eigenständigkeit: Sie imitieren etwa die Tannine von Wein durch komplexe Fermentierungsverfahren, um diese dann aber für die Kreation neuer Geschmacksprofile zu nutzen. Es birgt eine gewisse Ironie, dass diese Getränke Proxies genannt werden, wenn man an eine der klassischen Verwendungsweisen des Begriffs denkt: Ein Proxy ist ein Erwachsener, der für einen Minderjährigen ein alkoholisches Getränk kauft (›proxy sales‹). Geläufiger ist aber die technische Bedeutung: So vermitteln z.B. Proxy Server Anfragen und Verbindungen zwischen Nutzerïnnen und dem Internet – und wirken in ihrer Zwischenposition als Firewall, schützen also vor gefährlichen Angriffen. Der Weinhändler Holger Schwarz von Viniculture betont in diesem Sinne, dass ein Proxy zwischen Wein und alkoholfreien Getränken vermittelt. Aber auch diese begriffsgeschichtlichen Hintergründe erhellen dessen Übertragung auf die Getränkewelt nicht richtig. Denn der Proxy soll nicht nur vermitteln, sondern eine eigenständige Produktkategorie darstellen, die gleichberechtigt neben Spirituosen, Wein, Champagner und Bier stehen kann. Der Proxy-Begriff macht damit deutlich, wie schwierig es ist, eine neue hochwertige Getränkekategorie zu etablieren (entsprechen doch die Preise einer Proxy-Flasche, z.B. des Kopenhagener, aus dem Noma-Kontext stammenden Labels Muri, einem mittelpreisigen Wein von 20 bis 25 Euro).

Die Nähe der Proxies zum Wein besteht nicht primär im Geschmack – ja, Proxies haben sich gerade losgelöst von der Vorstellung, wie ein ›richtiger‹ Wein zu schmecken hat. Die Logik der Proxies wird in dem vielfach, u.a. auch von Lana del Rey, gecoverten »Summer Wine« (ursprünglich von Lee Hazlewood und Nancy Sinatra) deutlich – einem der wenigen erfolgreichen Pop-Songs, der nicht nur betont, dass Wein rot oder weiß sein kann: »Strawberries, cherries and an angel's kiss in spring; my summer wine is really made from all these things.« Proxies nutzen denn auch häufig unterschiedliche Fruchtsäfte, Tees, Kombuchas, Kräuter und eine Vielzahl von aufwändigen Fermentierungsverfahren, um einen vielschichtigen Eindruck zu erzeugen: hier von Erdbeeren, Kirschen und der Luftigkeit eines Engelkusses (was auch an den Kult-Rosé Whispering Angel von Château d'Esclans, jüngst von Aldi erfolgreich gecovered, erinnert). Der Proxy-Hersteller Muri beschreibt z.B. sein Getränk Passing Clouds ähnlich: »Prickelnd und erfrischend mit heller Säure und einem berauschenden Duft nach Blumen, Honig und reifen Früchten. Passing Clouds ist trocken, aber mit vielfältigen Geschmacksdimensionen und einer weinigen Funkigkeit. Unsere Originalmischung, benannt nach einem einst gleichnamigen Veranstaltungsort im Londoner East End, ist ätherisch, erhebend und perfekt für Feierlichkeiten.« Zu den Zutaten gehören: »Fermentierte Stachelbeeren, weißer Johannisbeerwein, Quittenkefir, Jasmintee, Geranie und Waldmeister-Kwas«. Wie bereits mit dem fermentierten Angel's Kiss angedeutet, soll ein Proxy weder eine bloße, minderwertige Weinkopie sein, noch referentiell auf einzelne Fruchtnoten reduziert werden können – er muss ein geschmackliches Surplus erzeugen.

Proxy bedeutet hier also zunächst, sich an der Analyse von sensorischer Komplexität, die im Weinvokabular kultiviert wird, zu orientieren – das Getränk also gleichsam dadurch zu adeln, dass man über dieses auch sprechen kann –, und dass es Assoziationen hervorruft, wie etwa an den inzwischen geschlossenen BIPOC-Musik-Club Passing Clouds. Aber auch in der Herstellungsweise gibt es eine Nähe zu klassischen Alkoholgetränken: die Proxy-Arbeit der Mikroben, welche bei der Fermentierung Zucker und andere Stoffe transformieren und so neue Geschmacksprofile schaffen. Die ersten Proxies gehen denn auch auf die Kultivierung von Essig und den Erfolg von Trinkessigen und Saucen zurück, namentlich auf das kanadische Start-up Acid League, dessen Co-Gründer Cole Pearsall gerade von »Forbes« in die Top-30-Liste der unter 30-jährigen Gründer aufgenommen worden ist.

Entscheidend für viele Proxies ist der von Acid League popularisierte Prozess der Doppelfermentierung. Nachdem durch die erste Fermentierung (wie beim Wein) Zucker in Alkohol umgewandelt wird, wird in einem zweiten Schritt der Alkohol aus der Erstfermentierung wieder abgebaut, indem AAB-Bakterien und Sauerstoff eingesetzt werden: »they have a strong appetite for alcohol. When AAB feeds on alcohol in an oxygenated environment, the byproduct is acetic acid, which gives vinegar its distinct tang« (Cole Pearsall). Die AAB-Bakterien haben gleichsam die Pro-Kura für den Alkoholgenuss: Sie konsumieren als wahre Proxies den Alkohol an Stelle der menschlichen Konsumentinnen. Für diese bleibt das reine Geschmackserlebnis, also das, was den anfangs erwähnten Pop-Wein-Texten meist fremd ist.

Bei einigen fermentierten Getränken, die gerne für Proxies verwendet werden, wie Kombucha, sind neben den AAB auch alkoholfreie laktische Fermente aktiv; oder es werden gleich vollständig laktonisch fermentierte Basen wie beim Kwas genutzt. Immer geht es aber darum, dass analog zu Wein zwar Fermentation stattfindet, diese jedoch keinen oder nur sehr geringen Alkohol produziert: »no & low« – so lautet die Parole. Verrichten diese Bakterien ihre Arbeit, dann eröffnet sich ein ungeheurer Gestaltungsraum für die Proxies, der weit über den der Winzer'in vorgegebenen Rahmen hinausgeht: Kann letztere, wenn sie keinen reinsortigen Wein produzieren möchte, nur unterschiedliche Traubensorten zu einer Cuvée vermischen (und allenfalls einige Zusatzstoffe wie Sulfite und Hefen), so sind den Zutatenlisten der Proxies keine Grenzen gesetzt. Das Schweizer Start-up Edition Dunkel sammelt z.B. für seine Spirituosenalternative »Stadtbalkon« Kräuter und Pflanzen auf Basler Balkons und Wegen.

Mit dieser Befreiung von der Fokussierung auf nur ein Rohmaterial (Wein) oder einige wenige (Bier) nähern sich Proxies am ehesten noch Spirituosen und Cocktails an, welche ebenfalls auf der Kunst des Mischens beruhen. Beachtet man aber die Beschreibung der einzelnen Geschmacksnoten und auch zuweilen deren Gliederung in Basis- und Kopfnoten, erscheint eine weitere Wahlverwandtschaft: Parfüm. Entsprechend werden etwa die Getränke der kanadischen Marke Proxies als komplexe Kompositionen, die mit der »precision of a parfumier« (so der Blog sober-futures) kreiert wurden, beschrieben. Es wird, nicht zuletzt im Marketing, ein bunter Strauß von zu decodierenden Geschmacksnoten angeboten; Anfänger'innen wird geraten, um etwas Übersicht zu bewahren, sich zunächst an einer Basis, die sie mögen, z.B. Kombucha, zu orientieren, um sich so ›ihrem Proxy‹ anzunähern.

Der Vergleich mit der Parfumwelt ist auch aufschlussreich hinsichtlich des Status von Naturwein: Dieser entspricht am ehesten den reinen Destillaten, die zum Beispiel von den Nischen-Oud-Öl-Häusern wie Ensar Oud angeboten werden. Damit wird eine wichtige Verschiebung sichtbar von der Zelebrierung einzelner Materialien hin zur subtilen Komposition. Ein Proxy aus einer einzelnen fermentierten Saftsorte ist kaum denkbar, sondern es geht um die Schaffung eines komplexen Bouquets. Die Metaphern des Weinvokabulars wie beerig, rosig, pfeffrig, holzig oder nussig werden in den Proxies gleichsam materialisiert. Denn nun mögen tatsächlich Nüsse, Baumrinden oder Erdbeeren verwendet werden, um die entsprechenden Geruchs- und Geschmacksnoten zu schaffen (die dann ihrerseits wieder mit neuen Metaphern beschrieben werden). Ironischerweise werden Proxies, die manchmal als Mimikry von Wein beschrieben werden – »wine-like experience using ingredients other than grapes« (»New York Times«, 19.01.2024) –, so selbst zum »real thing«, ohne auf das Verfahren der Alkoholproduktion zu setzen. Nun zwar nicht in Bezug auf den Alkoholgehalt, sondern hinsichtlich der Geschmacksnoten, die jetzt mehr als bloße Metaphern sind. Nahezu alles kann Teil eines Proxies werden (neben Zutaten wie Traubensaft, Tee oder Kombucha auch Eichenrinde, Habanero, Unkräuter, Waldmeister oder Geranien), selbst wenn zumindest zurzeit noch ein Ethos ›natürlicher‹ Inhaltsstoffe die Liste möglicher Zutaten begrenzt.

Mit den Proxies ist die Qualitäts-Getränkewelt (trotz der natürlichen Zutaten) in eine neue Phase der Komposition und des Mischens eingetreten. In einer gewissen Weise sind Wein und (vor allem deutsches) Bier höchst konservative Getränke: Die immergleichen Zutaten werden aufwändig kultiviert, destilliert und gemischt – stets vom wummernden Bass des Alkohols getragen. Innerhalb dieses Rahmens gibt es zwar unzählige Differenzierungsmöglichkeiten, was nicht zuletzt die Grundlage für den Weinsnobismus bildet, aber die wenigen Grundelemente sind fixiert. Die Kunst des Getränkemischens wurde – neben der Mixologie der Cocktails – im alkoholfreien Bereich lange nur von den Soft-Drinks gepflegt, häufig mit sorgfältig gehüteten Rezepturen (z.B. Coca-Cola). Und genau davon müssen sich die Proxies unterscheiden (nicht zuletzt, um ihre Preise zu rechtfertigen) – der künstlich hinzugefügten Kohlensäure stehen die natürlichen Fermentationsbubbles gegenüber. Proxies sind damit nicht zuletzt auch eine Zeitdiagnose: Sie sind gleichermaßen natürlich wie auch hochgradig synthetisch, geschaffen in Alchemistenstuben oder High-Tech-Fermentierungslabs; sie zelebrieren eine endlose Kombinatorik als Cut&Paste der Geschmacksstoffe – und sie sind gesund durch die Perfektionierung der bio-menschlichen Arbeitsteilung: Als Proxies konsumieren die fleißigen AAB unablässlich Alkohol und hinterlassen einen leicht bitteren Nachgeschmack der Singularität. ◆

EM, OLYMPIA – BILD UND TON

Thomas Hecken

◆

In die Sommermonate fallen traditionell die größten Sportturniere. Wenn sich die einen fast alle im Urlaub befinden, müssen die anderen arbeiten. ›Arbeit‹ ist hier das richtige Wort, denn um Amateure handelt es sich bei den Wettkämpfern schon lange nicht mehr. Zwar wird es dafür rechtlich sicher einen anderen Begriff geben, aber eine Art Gehalt bekommen auch die deutschen Fußballnationalspieler für ihren mehrwöchigen Einsatz, der mindestens Trainingslager und Vorrundenspiele umfasst. In den Medien ist immer nur von »Prämien« die Rede; jeder deutsche Nationalspieler bekam für die erfolgreiche Achtelfinalteilnahme bei der Europameisterschaft 50.000 Euro ausgezahlt, für den Gruppensieg zuvor dieselbe Summe. Dies sind im Vergleich zu den Zahlen, die sie im Verein verdienen, kleine Beträge, deshalb wäre jede Spekulation von vornherein abwegig, der eingewechselte Mittelstürmer Füllkrug hätte aus Geldgründen in letzter Minute gegen die Schweiz den Ausgleich erzielt und so den Gruppensieg herbeigeführt – obwohl eine Niederlage der deutschen Mannschaft den vermeintlich leichteren KO-Spiele-Pfad beschert hätte (statt gegen Dänemark und Spanien wäre es gegen Italien und England gegangen).

Gemessen an dem, was jene verdienen, die neben den Topsportlern im Juni, Juli, August sogar durchgehend ihren Dienst verrichten müssen, ist das freilich immer noch ein immens hoher Betrag. Etwas eint aber die Profisportler und die Lohnarbeiter der Tourismusindustrie, sie haben beinahe dieselbe riesige Kundschaft – und beide müssen ihre Tätigkeit verrichten, wenn die meisten anderen über Freizeit und Ferien verfügen. Auch wenn es historische, antike

Gründe geben mag, die nichts mit der bevorzugten Urlaubszeit Europas und Nordamerikas zu tun haben, ist es deshalb passend, dass die großen Turniere in die gegenwärtige Hauptzeit fern der Arbeit fallen.

Nur einen Nebenaspekt stellt mittlerweile jedoch dar, dass die Touristen in ihren Ferien zu den großen Sportereignissen reisen können. Das Geld des Sports wird überwiegend durch TV-Übertragungen eingenommen. Im Unterschied zum Tourismus reicht es der überwiegenden Zahl der Sportanhänger, etwas auf einem Bildschirm zu sehen. Der heutige Tourist hat mindestens das Verlangen, den vielen existierenden Bildern von Acapulco, Portofino und Prag eigene Fotos und Videos an die Seite zu stellen, womöglich möchte er dort sogar andere, unvermittelte ›Erfahrungen‹ machen. Darum scheint es ihm keinen Gedanken wert zu sein, das Geld für die teuren Reisen einzusparen und sich stattdessen zu Hause auf YouTube die ›schönsten Impressionen‹ von ›Traumstränden‹ und ›Geheimtipps‹, aus ›Sehnsuchtsorten‹ und ›Hot Spots‹ kostenlos nahebringen zu lassen. Der Sport benötigt zwar gut gefüllte Arenen als Voraussetzung, finanziell lebt er jedoch gerade bei seinen größten Veranstaltungen in erster Linie von der distanzierten Betrachtung auf Monitoren.

Dennoch gehört es zum Standardsatz bei Fußballübertragungen, die ›tolle Atmosphäre‹ herauszustreichen. Dem Zuschauer wird bedeutet, er verpasse etwas, weil er nicht selbst dabei sei, obwohl die Übertragung nur deshalb zustande kommt, weil so viele zu Hause vor den Bildschirmen verblieben sind. Als sei ein Fernsehsender ein humanistisches Gymnasium oder ein Ertüchtigungsverein, propagieren sogar die Sportkommentatoren die Losungen des Dabei-Seins und Mitmachens, obwohl man ihnen direkt entgegenwirkt.

Bei der Europameisterschaft von Mitte Juni bis Mitte Juli 2024 konnte man zudem zum wiederholten Male beobachten, dass selbst die Zuschauer im Stadion zu einem nicht unwesentlichen Teil die ›Atmosphäre‹ von Stadionleinwänden her beziehen. Immer wieder richtet sich eine Fernsehkamera auf einzelne von ihnen, bereits nach sehr kurzer Zeit sehen die meisten von ihnen ihr Bild auf einem Stadionbildschirm, den sie offenkundig ähnlich häufig betrachten wie das Spielfeld unter ihnen, darauf steigert sich ihre Stimmung beträchtlich, was sie durch Winken und Grimassieren in die Kamera zum Ausdruck bringen, worauf die Regie rasch zu einem anderen Bild springt, als wolle sie die televisuell erzeugte Begeisterung nur als Reflex des ›ursprünglichen‹ Enthusiasmus gelten lassen.

Der Vorrang technisch erzeugter Bilder vor der kruden Wirklichkeit ist bei der EM neben der noch einmal erhöhten Zahl an Zeitlupenaufnahmen vor allem durch die Überprüfung von Abseitsentscheidungen gefestigt worden. Galt früher, bei gleicher Höhe von Abwehrspieler und gegnerischem Angreifer nicht Abseits zu pfeifen, nimmt nun dem Schiedsrichter vor Ort eine Maschine die Arbeit ab, sodass jetzt sogar die abwehrende Mannschaft einen Freistoß erhält, wenn der Stürmer im Moment des Abspiels den Fuß bloß einen

Zentimeter vor den des Verteidigers gebracht hat. Dem Publikum am Bildschirm wird eine Grafik der jeweiligen Körperstellung vorgeführt, worauf jeder bzw. niemand zum Schiedsrichter wird, weil ihm die Technologie die Entscheidung abnimmt: »Der Ball ›Fußballliebe‹ ist mehr als nur ein Fußball. In seinem Inneren befindet sich ein hochentwickelter Sensorkern, der aus einem Ultrabreitbandsensor (UWB) und einem Bewegungssensor (IMU) besteht. Diese Sensoren erfassen die Position und Bewegung des Balls bis zu 500 Mal pro Sekunde. [...] Um das Geschehen auf dem Spielfeld vollständig zu erfassen, wurden in den Stadien bis zu 32 Hochleistungskameras installiert. Diese Kameras sind strategisch unter dem Stadiondach platziert und überwachen jede Bewegung der Spieler. Zusätzlich sind rund um das Spielfeld zwischen 12 und 24 Antennen angebracht, die die Signale der im Ball verbauten Sensoren empfangen. Die Kameras und Antennen arbeiten zusammen, um ein vollständiges 3D-Modell des Spiels in Echtzeit zu erstellen.« (ingenieur.de, 21.06.2024)

Zumindest bei strittigen Elfmetern darf der Schiedsrichter vor Ort noch selbst entscheiden. Er läuft dann zu einem am Spielfeldrand postierten kleinen Monitor, um sich die Zeitlupen anzuschauen, die der TV-Zuschauer oftmals bereits vor ihm gesehen hat – und der im Unterschied zu den anwesenden Zuschauern (es sei denn natürlich, dies wird auf der Stadion-Leinwand gezeigt) ebenfalls genau sehen kann, wie der Schiedsrichter auf den Monitor blickt.

Durch all diese Maßnahmen wird der große Nachteil des Fußballspiels ansatzweise ausgeglichen – dass auf dem Feld in 90 Minuten oftmals wenig passiert. Allerdings bleiben immer noch ca. 60 bis 80 Minuten ohne Zeitlupen zu füllen. Darum erstaunen die äußerst hohen Einschaltquoten bei solchen Live-Übertragungen (z.B. Deutschland vs. Schweiz, ARD, 25,57 Millionen Zuschauer, Marktanteil 73,4 %), vor allem wenn man bedenkt, dass ein beträchtlicher Teil der Zuschauer gar nicht selbst regelmäßig Fußball spielt oder gespielt hat und deshalb jene Feinheiten und Schwierigkeiten des Spiels kaum erkennt, die einem auch die Zeit vertreiben können, wenn das Match recht statisch und ohne Torraumszenen abläuft.

Zur Kompensation soll auch der Turniermodus beitragen, bei dem das einzelne Spiel über eine immense Bedeutung verfügt (ab dem Achtelfinale entscheidet es sogar allein über Ausscheiden oder Weiterkommen, nicht einmal ein Rückspiel wird mehr zugestanden). Jedoch führt dieser Modus oftmals gerade zu einer Lähmung der Aktionen. Alles hängt dann davon ab, ob dem Zuschauer die Bedeutung des Spiels – das eigene Team muss unbedingt gewinnen – groß genug erscheint und er darum die Spannungsarmut in den Sechzehnmeterräumen kaum verspürt, weil sie auf ihre Art und Weise zur Endspannung (stets gegebene Möglichkeit eines Zufallstors, eines überraschenden Moments oder Verlängerung und Elfmeterschießen) beiträgt.

Zur Bedeutung des Spiels trägt seit der Etablierung der fest begrenzten, kulturell formierten Staaten der Nationalstolz bzw. der Nationalismus entscheidend bei, sei es in den traditionellen Varianten von ›Volksseele‹, ›Rasse‹, ›Homogenität‹ oder der neueren von ›diverser‹ Bevölkerung, zu der auch mit einem Pass versehene, ›erfolgreiche Migranten‹ zählen. Mitunter aufgelockert – oder in seltenen Fällen sogar durch eine andere, eher vom Geschmack bestimmte Festlegung abgelöst – wird das seit einigen Jahrzehnten im Zuge der ausgedehnten Aktivitäten abseits des Platzes, durch Startum, Klatsch, Sportmoden, Social-Media-Selbstdarstellung.

Die TV-Anstalten tragen dem insofern Rechnung, als sie vor und nach dem Spiel manchmal kurze Beiträge senden, die das in komprimierter, darum weltanschaulich oder werbetechnisch massierter, weniger unterhaltsam-spielerischer Form präsentieren. Den Hauptteil der Zeit füllen sie aber mit Gesprächsrunden, in denen sogenannte Experten, weit überwiegend ehemalige Trainer und Spieler, banale Aussagen tätigen, die alles, was an Startum, Klatsch etc. interessant und aufregend sein kann, in Behäbigkeit überführen.

Die Dominanz des autorisierten Tons vollendet sich während der Live-Übertragung. Hier hat man es mit dem singulären Fall zu tun, dass eine Person (neuerdings oft flankiert von einem weiteren Experten) über eine ungemein lange Strecke Rederecht besitzt. Bekommen selbst die Spitzen des Staates zur besten Sendezeit nur Sekunden oder in Talkshows Minuten zugestanden, kann bei der EM ein sog. Kommentator sogar in der ›Prime Time‹ 90 bis 130 Minuten ununterbrochen sprechen. Von wenigen Pausen abgesehen, geschieht dies auch. Das Rederecht wird als Redepflicht aufgefasst.

Die Idee, dem von ihnen unentwegt bemühten ›Vorrang des Sports‹ ebenso wie der von ihnen oft beschworenen ›hervorragenden Atmosphäre‹ zu folgen, scheint den TV-Verantwortlichen vollkommen abwegig, ja verrückt zu sein. Den Stadionton regeln sie konsequent herunter zugunsten der Tonspur des Kommentators, sodass die ›Atmosphäre‹ für die Empfänger vor den Bildschirmen fast gänzlich verblasst. Die für jeden sichtbaren Aktionen der Spieler überziehen sie mit wortreichen Angaben, die einer Radioübertragung nahekommen; die Taktik ist unter Verwendung des neuesten Jargons (schnelles Umschaltspiel, England verdichtet die Räume) rasch benannt, alles andere besteht aus der unermüdlichen Nennung der Eigennamen und der diesen Eigennamen zugeordneten Handlungen (Kroos auf Kimmich, Havertz köpft ohne Druck genau in die Arme des Torwarts). Zur verbalen Verdoppelung des für alle vor dem Bildschirm Wahrnehmbaren kommt die Verdoppelung dessen, was die Zuschauer im Wohnzimmer, in der Kneipe, auf Social Media und beim ›Public Viewing‹ ohnehin machen: in spannenden Momenten die Stimme hochziehen, bei Gefallen loben, bei Missfallen murren und unerhörte Anweisungen an Trainer und Mannschaft richten.

Bei den Olympischen Spielen darf diese Zuschaueraktivität längst nicht im selben Maße vorausgesetzt werden, denn die allermeisten Sportler sind den TV-Zuschauern völlig unbekannt. Bei der Fülle an Sportarten sind sogar die meisten Disziplinen einem großen Publikum unvertraut. Ob die medial bevorzugte Variante, stets die nationale Dimension hervorzukehren (bei ARD und ZDF ständige Hinweise auf Deutsche, die dort teilnehmen), den Anfeuerungs- und Belehrungsmodus vor dem Bildschirm durchgehend einrasten lässt, muss deshalb bezweifelt werden. Ohne Kenntnis und Wiedererkennung der Aktiven bleibt selbst für überzeugte Nationalisten die politisch aufgeladene Identifikation weniger leicht möglich. Der Kommentator erfüllt darum bei Olympia oftmals einen eigenständigeren Zweck, allerdings gerät sein Einsatz wirkungsloser.

Immerhin trägt der verfolgte Zweck dazu bei, den Redezwang keinen Moment infrage zu stellen. Mehr noch als bei der EM herrscht die Journalisten- und Expertenrede über das Bild und die sportliche Handlung. Das färbte noch auf die Übertragung der Eröffnungsfeier ab, obwohl diese bereits selbst den minderen Rang des Sports und den Vorrang von imposanter nationaler Kultur und moralisch imprägnierten Schauwerten in Szene setzte. Gleichwohl kann bei der Tonspur auf den Zweiklang von routinierter Übertreibung (alles Mögliche ist »unfassbar«) und lexikalischer Information keineswegs einmal verzichtet werden (sogar in Lieder wird hineingeredet, weil z.B. bei Lady Gagas Chanson-Darbietung die Kommentatoren eine Revue-Assoziation unabdingbar bewegt, die Namen ›Crazy Horse‹ und ›Moulin Rouge‹ nennen zu müssen).

Anders pointiert, zeigt sich einem der Triumph der Zivilisation: Sogar die passendsten (für jede Disziplin und Position eine bestimmte Größe und Form), selbst die ausgewähltesten und herantrainiertesten Körper müssen mit all ihrer Kraft und Feinmotorik hinter der Sprache zurückstehen, und sei sie noch so vernutzt und bieder. Wer jetzt einwendet, der Aufwand, der von der Menge an Kameras betrieben werde, offenbare doch den eigentlichen Faszinationsgrund, den Wettbewerb der Körper in ihrer höchsten Ausprägung und Beherrschung, der unterschätzt wohl, was passierte, wenn die Übertragungen genau darauf setzten: auf TV-Bilder dieser Sportler – mit hervorragendem Stadionton, aber weitgehend ohne Senderrede. Populär dürfte das nicht sein, zu lange findet bereits die Eingewöhnung an den penetranten Kommentar statt. ◆

TECHWEAR: DRAUSSEN – TECHNISCHER KOKON – DRINNEN

Birgit Richard

◆

Mode webt textile Zugänge zu gesellschaftlichen Stimmungslagen und formuliert Visionen von Körper-Raum-Relationen. Aufgrund ihres Vermögens, soziokulturelle Trends wie Befindlichkeiten vestimentär aufzugreifen und zu kommentieren, wird an Modetrends u.a. ablesbar, wie es gegenwärtig um das ambivalente Nähe-Distanz-Verhältnis von Menschen und Technologie bestellt ist.

Technical Wear, abgekürzt Techwear, kündet nominell nicht nur von Technologieakzeptanz, sondern sogar von einer materiell(-ideellen) Synthese, einer alltagstauglichen Aussöhnung im Technisch-Textilen. Was wortwörtlich übersetzt so viel wie ›technischer Verschleiß‹ bedeutet und die Autorin an die Strategie geplanter Obsoleszenz denken lässt, zielt jedoch auf das Gegenteil: Teilmenge sogenannter technischer Kleidungsstücke, repräsentiert Techwear Funktionalität und Medialität in Form visueller Zeichen. Gepaart mit apokalyptischen Zukunftsvisionen fungiert das Abstraktum Technologie als stilbildendes ästhetisches System. Konsumästhetisch überformt, materialisieren sich wissenschaftliche Utopien buchstäblich in konkreten, konfektionierten Kleidungsstücken und lassen sich mit deren Erwerb zumindest einem modischen Reality-Check unterziehen.

Der männlich codierte Modestil demonstriert, mittels welcher Formen und an welchen Körperstellen technische Elemente gegenwärtig modisch integriert werden könnten. Vereinzelt spielen prothetische Extensionen eine Rolle, z.B. als in die Sonnenbrille integrierte Kamera oder in Handschuhe eingearbeitete Laserpointer/LEDs. Überdeutlich wird ein futuristisch-technoides Moment an vergleichsweise exzentrischen Einzelphänomenen wie einem hermetisch geschlossenen Motorradhelm im Cyborg-Stil oder an »Gravity Pockets« des hochpreisigen Techwear-Labels Acronym. Alle Jackenmodelle der Marke verfügen über dieses Signature-Feature: Das im Ärmel verstaute Smartphone fällt der tragenden Person nach Öffnen eines innenliegenden Druckknopfs direkt in die Hand. Kostenpunkt der J1A-GT, dem Acronym-Kultmodell der ersten Stunde: 1.458 Euro.

Zwei ästhetische Merkmale des Modestils fallen besonders auf – nicht zuletzt wegen ihrer Social-Media-Präsenz sowie ihres mitunter kombinatorischen Auftretens: 1. Barocke Ornamentik durch (Hyper-)Akkumulation technisch-funktionaler Kleidungselemente und 2. maximierte Funktionalität durch Hightech-Materialien (prominent: Primaloft, GORE-TEX®) und technische Kleidungselemente.

Auf Basis matter und stumpfer Synthetik-Oberflächen in korrespondierenden gedeckten dunklen Farben (vorwiegend Schwarz, seltener Grau oder Khaki) präsentiert sich der modische Stil kalt, abweisend, glatt und isolierend/hermetisch. Techwear, mit der kriegerischen Unterkategorie Warcore, füllt die Lücke, die der Micromodetrend Gorpcore gelassen hat, und weist Schnittstellen zu einer Bandbreite jugendkultureller Stile/Streetwear auf. Prominent zu nennen sind musikorientierte Stile wie (Hardcore-)Techno, Gabber oder Frenchcore, wobei reflektierende Materialien oder Leuchtstreifen bei Techwear deutlich weniger auffällig sind. Eine modische Überschneidung besteht in der Vorliebe für Straps, d.h. Riemen und Gurte zum Verschnüren, und Klick-/Steckschnallen. Farbpalette und Gesichtsmaskierungen liefern einen Anknüpfungspunkt zum sogenannten ›Street Goth Look‹ oder ›Urban Goth Style‹.

Trotz der geteilten futuristischen Bezüge gibt es hingegen wenig ästhetische Affinität zur jugendkulturellen Figur des Cybergoth, dessen visuelle Signatur Neonfarben und bunte Dreadlocks aus Draht sind. Eine weiter zurückreichende stilistische Referenz ist die Bondagehose im Punk, die als erste dysfunktionale Akkumulation von Gurten an Kleidung gelten kann. In den späten 1990er Jahren folgen die weit ausgestellten Hosen des Techno/Rave, ebenfalls mit vielen Schnallen und Straps. Eine Verbindung lässt sich ebenfalls zur Cargohose herstellen, die u.a. im Hip-Hop getragen wird und in Techwear-Manier mit übertrieben vielen aufgesetzten Taschen ausgestattet ist. Hier ist außerdem die ›tapered‹ geschnittene, d.h. konisch auf das elastische Knöchelbündchen zulaufende, nach unten abgedichtete Jogginghose zu nennen, die, wird sie getragen, eine beinahe robotisch anmutende Silhouette erzeugt.

Diese ausschnitthafte Aufzählung macht deutlich, dass Techwear nicht direkt mit einem bestimmten Musikstil verknüpft ist. Wie schon bei E-Boys/E-Girls handelt es sich nicht um einen klassischen, d.h. aus einer musikalischen Subkultur erwachsenen Streetstyle, sondern um eine typische

Abb. 1

gegenwartsästhetische Mixtur, hergestellt mittels Social Media. Daher stellt sich die Frage nach den gegenwärtigen Verknüpfungen von Mode in materiellen und virtuellen Räumen. Passend, dass Techwear neuartige Bildästhetiken an der Schnittstelle zwischen Mode und Medien hervorbringt. Ästhetisch amalgamiert Techwear High Fashion, Gothic, Techno und Funktionsbekleidung mit Elementen aus Cosplay und Manga. Dieses popkulturelle Konglomerat bezieht auch Filmfiguren wie Ninjas und Science-Fiction-Charaktere aus dem Spielfilm »Matrix« mit ein, die in der Streetwear präsent werden.

Den modischen Vorläufer Gorpcore kennzeichnen dagegen glänzende, bunte Oberflächen, voluminöse Silhouetten aus Daunen oder ähnlichem Material, die Wärme und Behaglichkeit ausstrahlen. Bei diesen überdimensioniert-kuscheligen Pufferjacken wird selbst der Papst schwach – so suggeriert zumindest die KI-generierte Vision von Franziskus im wolkenweißen Balenciaga-Mantel, welche im Frühjahr 2023 viral ging. Unter Gorpcore firmiert die urbane Streetwear-Version funktionaler Outdoor-Bekleidung, eine Kategorie von Sportswear, die seit jeher eine modische Ressource für jugendkulturelle Stile darstellt. Vormals als ›Spießermode‹ der ›Boomer‹ gebrandmarkt, avancieren Daunen-, Stepp- und Fleecejacken mit Gorpcore zum begehrten modischen It-Piece bzw. Must-Have. Auch im Musikvideo und in der Bühnenperformance ist der Mikromodestil derzeit häufiger anzutreffen: In Form von Polardaunenjacken und dekorativ drapierten Seilen kommt hochalpine Kletterausrüstung beispielsweise bei Live-Auftritten des französischen Elektro-Duos Ascendant Vierge, das seinen Sound selbst als »Casual Gabber« bezeichnet, im wohltemperierten Konzertsaal zum Einsatz. Ein Flugzeugwrack als Kulisse für das Bandportrait auf dem Cover des Debütalbums »Une Nouvelle Chance« (2023) ruft wiederum postapokalyptische Visionen vom Überleben in der Wildnis auf – allerdings ziemlich stylisch und wenig bedrohlich inszeniert (Abb. 1).

Die deutsche Band Deichkind bedient sich modischer Kernelemente von Gorpcore in zwei ihrer jüngsten Musikvideos. So trägt Rapper Kryptik Joe in den zwei Videoversionen zum Song »Kids in meinem Alter« (2023) eine kanariengelbe Daunenjacke der italienischen Outdoormarke Napapijri, trendbewusst kombiniert mit einer schwarzen Stepphose von Arket. »Mit meiner neuen Fleecejacke komm ich hier nicht durch« – insbesondere »In der Natur« (2023) parodiert die ästhetische Allgegenwart des urbanen Naturhypes und die romantisierenden Fehlannahmen über Leben abseits der Zivilisation. Die überdimensioniert geschnittene, grell bunte Outdoorkleidung des Gorpcore besitzt denn auch mehr Zitat- denn Gebrauchscharakter, wirkt sie angesichts der klimatischen Bedingungen in den eingesetzten urbanen Kontexten nur allzu oft unpassend, ja geradezu dysfunktional.

Abseits des angedachten Verwendungszusammenhangs eingesetzte Funktionsbekleidung findet sich jugend- wie subkulturell am Beispiel der Skijacke bereits in den Frühzeiten des Rave, jüngst aber auch auf dem Runway der

Luxusmarke Louis Vuitton: Bei der Präsentation der Herbst-/Winter-Kollektion 2023 auf der Pariser Fashion-Week schreitet ein männlich gelesenes schwarzes Model mit voluminöser beiger Plüsch-Pufferjacke und passender Fliegermütze über den Catwalk. Entsprechend dem Showkonzept, das laut Homepage von »prägenden Momenten der Erziehung und [...] Phasen des Übergangs von der Kindheit zum Erwachsensein« inspiriert ist, wird das üblicherweise glatte und kalte Obermaterial gegen die tröstliche Flauschigkeit eines Kuscheltierpelzes eingetauscht. Draußen in der Natur zu Hause sein wird in die urbane Umgebung und in Innenräume getragen. Extreme-Cocooning-Performance-Wear, everywhere – Deichkind machen es vor (Abb. 2).

Der Berliner Shop Darklands ist ein Mekka für Techwear-Mode. Im viktorianisch-futuristischen Ambiente – ein eklektizistisches Interieur aus Lost Place, Gothic und Steampunk – wird dort hochpreisige High-Tech-Haute-Couture verkauft. Die hochwertige, technisch aufwändig hergestellte Kleidung aus wetterfesten und leichten Materialien tritt minimalistisch, monochrom (vorwiegend schwarz) und modern bis futuristisch in Erscheinung. Vielleicht die neue Corporate Wear für Kreative mit Clubaffinität in der Hauptstadt? Die vertretenen Labels sind in jedem Fall Ausdruck eines Techo-/Rave-Establishments. Aufgrund der Preisgestaltung erschließen sich Marken wie beispielsweise Acronym oder Arc'teryx jedoch nur finanzkräftigen Eingeweihten.

Techwear kennzeichnet ästhetische Elemente, die an das funktional-industrielle Design von Maschinen, Luft- oder Raumfahrtkomponenten (auch Kampfjets) erinnern. Ein häufig genutztes stilistisches Element sind technische Informationen in Form von Aufdrucken, Patches oder Innenlabels, z.B. über die Höhe der Wassersäule oder andere (teils kryptische) Zahlenfolgen, die wie Koordinatenangaben erscheinen und normalerweise an Notausgangsklappen oder Schwimmwesten angebracht werden. Diese visuellen Details verleihen den Kleidungsstücken nicht nur einen futuristisch-technoiden Gesamteindruck, sondern vermitteln ein Gefühl von Präzision, Funktionalität und Zuverlässigkeit. Techwear verheißt somit persönliche High-Tech-Schutzausrüstung, die in jeder Alltagssituation funktionell wie ästhetisch bestens performt.

Das bereits eingangs erwähnte Modelabel Acronym setzt ebenfalls Zitate aus hochtechnisierten Bereichen ein, um Spezialfunktionen in den Kleidungsstücken zu markieren. Entsprechend des Markennamens werden alle Teile der Kollektion mit Nummern-Zahlen-Kombinationen benannt. Das Modell J118-WS, eine Kapuzenjacke, die exemplarisch für die Mode des Labels steht, kombiniert verbriefte Hightech-Materialien (GORE-TEX-WINDSTOPPER®) mit Nietenaccessoires, welche Bewegung eher einzuschränken als zu ermöglichen scheinen. Der minimalistische Schnitt trifft in Straps und Nieten auf barocke Zierelemente, wodurch die technische Funktionalität der delikaten Materialien mindestens irritiert wird, drohen die metallischen, harten Nieten doch den zarten Stoff zu beschädigen und somit die gesamte Schutzwirkung zu zerstö-

Abb. 2

Abb. 3

ren. Im Grunde verweisen sie weniger auf die Wehrhaftigkeit des tragenden Subjekts, sondern auf die Fragilität der vestimentären Schutzhülle.

Mit Blick auf Schnittführung, Materialverwendung und Inszenierung tritt Techwear zunächst als textiler Schutzschild auf, der das Individuum vom feindlichen Stadtraum abschirmt, neutralisiert bzw. anonymisiert. Erreicht wird dieser Effekt vor allem durch eine (Teil-) Verhüllung des Gesichts mittels Accessoires wie Neck Gaiter, (Halb)-Maske, Balaclava, Multifunktionstuch, Kappe bzw. Mütze oder gar durch einen Helm (Warecore). Weiterhin auffällig sind Kapuzen, die nur noch Sicht- und Atemschlitze frei lassen. Auf die Spitze getrieben wird diese Strategie erneut von Acronym: Der komplette Einschluss des Kopfes, gepaart mit dem vertikal verlaufenden Zipper von Modell J118-WS, nimmt visuell Anleihen an Fetischmasken der BDSM-Mode (Abb. 3). Techwear lässt in Extremform keine freie Hautstelle, sondern zielt auf hermetische Abschottung und Tilgung sämtlicher Individualitätsmarker. Durch das Verbergen entsteht eine besondere Ausprägung von Unsichtbarkeit, angelehnt an das geisterhafte, schnelle Huschen von Ninja-Kriegern. Übergroße Kapuzen oder Masken verleihen den Tragenden eine rätselhafte Aura von Unnahbarkeit und Widerständigkeit. Techwear präsentiert sich online als vorwiegend männlich gelesener Stil, dessen Schnitte und Farben unauffällig, schlicht und unisex sind. Die individuelle Körperform wird durch die Kleidung neutralisiert, angepasst und eingepackt, wobei stets die Funktionalität der ›Survival-Wear‹ im Vordergrund steht. Rockartige Gewänder für Männer können ebenfalls als Zitat auf die traditionelle Kampfbekleidung der Ninja gelesen werden. Anders als bei Tarnung mittels Camouflage-Print beabsichtigt der visuelle Guerilla-Ansatz das Verschwinden in der schnellen, lautlosen und unsichtbaren Bewegung – »Performance Wear« eben.

Barocke Schmückung und in der Folge Dysfunktionalität entsteht durch die schiere Menge an verstellbaren Gurten und Bändern, Steckschnallen und Klick-Clips zum Fest- und Anschnallen sowie aufgesetzten oder unsichtbaren wasserdichten Taschen und abgedichteten Reißverschlüssen. Das Sortiment reicht von Oberbekleidung wie Anglerwesten zu taktischen Westen bzw. Brustharnischen, wobei letztere dem Militär, der Feuerwehrausrüstung oder Polizeiwesten mit integrierter Bodycam entlehnt sind. Neben dem Schutz des Oberkörpers durch kugelsichere Materialien eint sie die Funktion, alle wichtigen Utensilien direkt am Körper mitführen zu können, um die Hände frei zu haben. Den typischen Techwear-Harnisch kennzeichnet ein Überangebot an Befestigungsmöglichkeiten und integrierten Tragehilfen (Abb. 4). Derart entsteht eine bewegte, reliefartige Oberfläche mit zahlreichen Taschen, Bändern, Clips, Zippern, Ösen usw. Da diese aufgrund ihrer Masse weder selbsterklärend noch nötig sind, bekommen sie einen ornamental-dekorativen Charakter, der das Prinzip von Funktionskleidung ad absurdum führt und die Ambivalenzen von Selbstoptimierung im Sinne wehrhafter Nützlichkeit offenlegt. Darüber

Abb. 4

hinaus konterkariert die Hyper-Funktionalität das Techwear-Ideal von Beweglichkeit in jedem Gelände. Die Übernahme technischer Elemente einer einst modularen, veränderbaren Kleidung und der Belüftung durch Schlitze für die generelle Beweglichkeit, gepaart mit dem Ziel, alles immer dabei zu haben, schlägt in das Gegenteil um und wird hinderlich.

Paradoxerweise formuliert Techwear die modische Vision einer (kriegerischen) Schutztechnik, des Einschlusses bzw. der Abdichtung. Der menschliche Körper wird in hoch technologisierte Stoffe gehüllt, um Wehrhaftigkeit wie Widerstandsfähigkeit des Individuums bestmöglich zu gewährleisten. Urbane Visionen und (militante) (Teil-)Abschottung von der städtischen Außenwelt treffen aufeinander.

Mittels semipermeabler Materialien konzipiert der Modestil – vor dem Hintergrund der Coronapandemie gelesen – textile Alternativen für eine realräumliche zwischenmenschliche Begegnung. Geschlossen, aber dennoch atmungsaktiv, ermöglicht die Bekleidung Schutz vor Ansteckung ohne hermetische (soziale) Abkapselung

Dank der vestimentären Überschreitung von Raum- und Klimagrenzen kann der Körper in seiner Kleidungsblase nun überall sein. Als Stil ist Techwear jahreszeitenneutral und liefert reichlich Stauraum für nunmehr direkt am Körper getragenes Gepäck.

Die verwendeten Hightech-Materialien sind kunststoffbasiert und schwer abbaubar; sie bleiben entweder als leere Hülle zurück oder zerfallen zu Mikroplastik – in jedem Fall überdauern sie die Tragenden. Die Hyperaffirmation, gar Fetischisierung von Funktionskleidung lässt sich angesichts der Klimakatastrophe auch als verzweifelt-aggressiver Selbstbehauptungsversuch lesen – der selbstbezogene, technische Kokon als letzte Zuflucht. ◆

Zu den Abbildungen:
Abb. 1: Ascendant Vierge, Une Nouvelle Chance, 2023 (Casual Gabberz Records, 12 Stars, Live From Earth Klub, Epic).
Albumcover via https://ascendantvierge.com/en
Abb. 2: ›Gorpcore extreme‹ – textile Verschachtelung à la Deichkind (Cover/Thumbnail zur Single »Kids in meinem Alter Teil 2«).
URL: https://www.deichkind.de/dist/img/cover_kids_in_meinem_alter_2.jpg.
Abb. 3: Jackenmodell J118-WS-EX im Webshop von Acronym® (Screenshot).
URL: https://acrnm.com/J118-WS-EX_SS24#a-image_24436.
Abb. 4: »Tactical Streetwear« – typische Techwear-Weste mit expliziten militärischen Anleihen (Warcore) im szenespezifischen Webshop Tokyo Techwear.
URL: https://tokyotechwear.de/products/tactical-streetwear.

MUSIK AUF TIKTOK

Andreas Gebesmair

◆

Die Fans von Ski Aggu staunten nicht wenig, als Anfang Februar 2024 die unzähligen kurzen Videos auf TikTok, die sich der Musik des Rappers bedienten, plötzlich ohne Ton waren. Zur Erklärung für alle, die TikTok nicht nutzen und auch sonst wenig Berührung mit den popkulturellen Trends von Teenagern haben: Ski Aggu ist ein deutscher Rapper, der bei seinen Konzerten mit Skibrille auftritt und im letzten Jahr zusammen mit dem niederländischen Musiker Jost Klein und dem Komiker Otto Waalkes den Otto-Klassiker »Friesenjung« (der selbst wiederum eine Parodie von Stings »Englishman in New York« ist) als Dancefloor-Remix veröffentlichte. Vor allem die Zeilen »Mhh, ich finde Wein lecker / Ich bin kein Kenner, doch ich bin ein Feinschmecker, abow / Motherfucker, ich küsse deine Schwester / Hier wird nicht eingebrochen, doch wir hören ein'n Brecher, abow« animierten tausende Amateure auf TikTok zu kurzen Tanz- und Lippensynchronisations-Videos und verhalfen so dem Song zu einem enormen Erfolg auf den Streaming-Plattformen und einer Nummer-1-Platzierung in den deutschen, österreichischen und schweizerischen Singlecharts. Auf TikTok wurde der nur wenige Sekunden lange Sound-Schnipsel mit dem oben erwähnten Text an die 150.000-mal in Kurzvideos von Amateuren verwendet!

Doch was war Anfang Februar passiert? Nachdem die Verhandlungen zwischen dem Major-Label Universal und TikTok über eine Verlängerung des Lizenz-Vertrages zu keinem Ergebnis kamen, machte Universal seine Drohung wahr und zog seinen Musikkatalog von der chinesischen Kurzvideo-Plattform ab. Musik von Künstlerïnnen, die so wie Ski Aggu beim größten der drei Major-Labels einen Vertrag besitzen, stand für die Produktion von Kurzvideos nicht mehr zur Verfügung und wurde aus bereits produzierten Videos wieder entfernt. Für Musikerïnnen, die ihren kommerziellen Erfolg im Wesentlichen TikTok verdanken, ist das natürlich fatal. Nirgendwo lässt sich die jugendliche Zielgruppe leichter adressieren als hier. Andererseits gibt es auch vonseiten der Kreativen berechtigte Kritik an der Plattform, die nur dann Gehör findet, wenn ein mächtiger Player wie Universal sie artikuliert. Dabei geht es nicht nur um die angemessene Vergütung, die im Vergleich zu anderen Streaming-Plattformen besonders gering ausfällt. TikTok wird auch vorgeworfen, dass es zunehmend auf KI-generierte Musik setze und damit die Existenzgrundlage der Musikerïnnen bedrohe. Zudem würde das Unternehmen problematische Inhalte wie etwa pornografische Deepfakes von Künstlerïnnen nicht in ausreichendem Maße bekämpfen.

Nur drei Monate später verkündete die Universal Music Group in einer Pressemitteilung, dass sie sich mit TikTok geeinigt habe. Details zur Vereinbarung und insbesondere zur Vergütung wurden nicht bekannt gegeben. Es war lediglich zu lesen, dass die beiden Organisationen zusammenarbeiten würden, um neue Monetarisierungsmöglichkeiten zu erschließen und darüber hinaus zu gewährleisten, dass wirtschaftliche Erträge aus den KI-Entwicklungen den Künstlerïnnen und Songwriterïnnen zugutekämen. Die Fans von Taylor Swift und Harry Styles, BTC und eben auch SkiAggu – alle bei Universal unter Vertrag – durften sich jedenfalls darüber freuen, dass deren Musik nun wieder auf TikTok verfügbar war. Was an dieser Geschichte aus ökonomischer bzw. wirtschaftssoziologischer Sicht besonders frappiert, ist der schnelle Wechsel der Wirtschaftspartner von erbitterter Feindschaft zu innigster Liebe. Der US-amerikanische Soziologe William Graham Sumner prägte vor mehr als hundert Jahren für diese Art der Zusammenarbeit den Begriff der »antagonistischen Kooperation«, eine Vergesellschaftungsform, der meiner Meinung nach in den Gesellschaftswissenschaften viel zu wenig Aufmerksamkeit geschenkt wird – und das, obwohl dieses Phänomen nicht nur in der Pop-Ökonomie omnipräsent ist.

Ein Blick in die Geschichte der Musikindustrie verdeutlicht, wie prekär die Symbiose von Autorïnnen, Musikerïnnen, Verlagen, Labels und den wechselnden Distributionskanälen ist. Die Akteure wechseln permanent zwischen Kooperation und Streit, der nicht selten laut und öffentlich ausgetragen wird. Dabei gehen sie wechselnde Koalitionen ein bzw. werden in diese gezwungen. Wie schnell sich dabei die Machtverhältnisse verschieben, lässt sich gut an der Frühgeschichte des Rundfunks illustrieren.

Zu Beginn des 20. Jahrhunderts bildete sich vor allem in den USA, aber auch in anderen Ländern, ein gut austariertes und einigermaßen stabiles Kooperationsnetzwerk, das im Wesentlichen aus fünf unterschiedlichen Akteursgruppen bestand: den Urheberïnnen, den Verlagen, den Interpretïnnen, den Veranstaltern und den Labels. Die eigentlichen Urheberïnnen von Musik, also diejenigen, die Songtexte verfassten, die Musik komponierten und diese für unterschiedliche Ensembles arrangierten, fanden früh in Verlagen Verbündete, die sich um die Verwertung der Werke bemühten. Dabei bedienten sich die Verlage vor allem der zahlreichen populären Interpretïnnen, die das Repertoire in den Konzertsälen, Vaudevilles und Music Halls jener Zeit einem großen Publikum bekannt machten. Dazu gesellte sich die noch junge phonografische Industrie, die für ihre Aufnahmen sowohl auf den Katalog an Werken als auch auf die Sängerïnnen und Instrumentalistïnnen angewiesen war. Geld verdienten sie aber anfänglich vor allem mit dem Verkauf von phonografischen Geräten.

Als wichtiges Instrument des Ausgleichs der Interessen erwies sich dabei das Urheberrecht. Die Idee, literarische oder musikalische Werke vor unbefugter Vervielfältigung zu schützen, gab es zwar schon seit Langem, in den ersten beiden Jahrzehnten des 20. Jahrhunderts trugen aber zwei wichtige Ereignisse zu einer Professionalisierung des Systems bei: Zum einen wurde der Schutz der Urheberïnnen auch auf die Vervielfältigung auf Tonträgern ausgedehnt, d.h. ihnen wurden die sogenannten mechanischen Rechte zugesprochen, zum anderen organisierten sie sich nun auch in Verwertungsgesellschaften. In den USA wurde 1914 die American Society of Composers, Authors, and Publishers (ASCAP) gegründet, die GEMA begann ein Jahr danach ihre Tätigkeit (Interessensvertretungen gab es aber auch schon davor, in manchen Ländern wie z.B. in Frankreich schon seit Mitte des 19. Jahrhunderts). Betont sei hier, dass das Urheberrecht zu diesem Zeitpunkt die Schallplattenindustrie zu Zahlungen an die Urheberïnnen und Verlage verpflichtete. Nutznießer des Copyrights wurden sie erst viel später. Einerseits, weil sie sich viele der großen Verlage einverleibten, und andererseits durch die Aufnahme sogenannter Leistungsschutzrechte der Schallplattenproduzenten und Interpretïnnen in die urheberrechtlichen Regelungen. Das geschah erst in der zweiten Hälfte des 20. Jahrhunderts, in den USA überhaupt erst 1972.

Das Interessensgleichgewicht der fünf frühen Akteursgruppen in der Musikindustrie wurde mit dem Aufkommen des Radios in den 1920ern empfindlich gestört. Am besten kamen vor allem die Sängerïnnen und Instrumentalistïnnen mit der neuen Technologie klar. Da das Radio in den Anfängen nicht zuletzt auch aufgrund der geringen Qualität der Tonträger als Livemedium galt, fanden viele von ihnen darin ein neues Betätigungsfeld. Auch die Veranstalter betrachteten das Radio nicht nur als Konkurrenz, sondern auch als Möglichkeit, für Liveshows zu werben. Teilweise wurde dann sogar direkt aus den Veranstaltungssälen übertragen, wie etwa die Grand Ole Opry, eine legendäre Country-Music-Show, die seit 1925 bis heute fast ohne Unterbrechungen wöchentlich live im Radio gesendet wird. Etwas schwerer taten sich die Autorïnnen, Komponistïnnen und Musikverleger mit dem neuen Medium, zumal der Verkauf von Noten deutlich an Relevanz verlor. Doch erwies sich auch in diesem Fall das Urheberrecht als ein probates Mittel, einen Ausgleich herzustellen. Das exklusive Aufführungsrecht, das Urheberïnnen und Verlagen gemäß Copyright zukam, wurde auf Aufführungen im Radio ausgedehnt, und nicht anders als Universal im Streit mit TikTok setzten auch die Verlage und Verwertungsgesellschaften in den Jahren nach Einführung des Rundfunks das Vorenthalten des Katalogs als Druckmittel in den Lizenzverhandlungen mit den Radiosendern ein.

Auf der Strecke blieben die Labels. In den zwölf Jahren von 1921 bis 1933 war in den USA der Umsatz mit Schallplatten von 106 Millionen Dollar auf 6 Millionen gesunken. Die Unternehmen, die vor dem Ersten Weltkrieg angetreten waren, die Führung in der Musikindustrie zu übernehmen, wurden nun selbst zu einem Appendix der neuen großen Medienkonzerne. 1929 übernahm die Radio Corporation of America (RCA) das damals größte Schallplattenunternehmen Victor und neun Jahre später Columbia Broadcasting System (CBS) die zweite große Firma, Columbia, die zu diesem Zeitpunkt allerdings schon nicht mehr als selbständiges Label agierte, sondern sich in einem Firmenverbund unter dem Dach eines in der Filmbranche tätigen Unternehmens befand. Die Schallplattenindustrie erholte sich erst wieder nach dem Zweiten Weltkrieg, als die Radiostationen selbst durch das Fernsehen Konkurrenz bekamen und nun plötzlich auf Schallplatten angewiesen waren, mit denen sie wesentlich günstiger ihr Programm bestritten. Die neuen Discjockeys machten aus dem Live-Medium einen Tagesbegleiter, vor allem für die jugendliche Zielgruppe.

Dieser Rückblick in die Frühzeit der Musikindustrie sollte vor allem verdeutlichen, wie sehr sich die Machtverhältnisse zwischen den aufeinander angewiesenen Akteuren permanent verschieben, Phasen der Symbiose sich mit Phasen des Konflikts abwechseln. Das lässt sich am Umgang der Musikindustrie mit TikTok erneut beobachten. Auch jetzt ist das Urheberrecht ein wichtiger Hebel in den Verhandlungen. TikTok hat natürlich nicht nur mit Universal einen Lizenzvertrag abgeschlossen, sondern auch mit den anderen zwei großen Labels, Sony und Warner – und zudem mit Merlin, einer Lizenzplattform, die mehr als zehntausend unabhängige Musikunternehmen vertritt. Eine wichtige Rolle in den Verhandlungen mit den neuen Social-Media-Plattformen kommt zudem auch nach wie vor den Verwertungsgesellschaften zu. So haben etwa europäische Gesellschaften, darunter die GEMA, ein Joint Venture gegründet, die International Copyright Enterprise (ICE), das sich um die globale Lizenzierung des europäischen Repertoires für Online-Dienste kümmert.

Umgekehrt geraten aber auch die klassischen Akteure der Musikindustrie, die Musikerïnnen (die heutzutage häufig zugleich die Urheberïnnen der von ihnen interpretierten Songs sind), die Verlage und Labels, in eine große Abhängigkeit von den Plattformen, insbesondere von TikTok. Wie das Radio vor hundert Jahren die Musikpromotion auf völlig neue Beine stellte, so revolutioniert auch TikTok gegenwärtig die Vermarktung von Musik. Die Influencer:innen und Creator:innen auf TikTok verhelfen zuweilen der von ihnen für ihre kurzen Clips verwendeten Musik zu ungeahnter Bekanntheit. Das passiert manchmal zufällig, wie im Falle des alten Fleetwood-Mac-Songs »Dreams«, den ein Lagerarbeiter aus Idaho einem Video unterlegte, das ihn beim Skateboardfahren und Cranberry-Himbeer-Saft-Trinken zeigte. Das Video ging – aus welchen Gründen auch immer – viral und verschaffte der Band aus den 1970ern ein kurzes, spätes Revival. Die Musikindustrie versucht allerdings diese viralen Momente nicht dem Zufall zu überlassen – im Wesentlichen mit drei Strategien. Erstens gibt es Anzeichen dafür, dass die Labels, wie auch schon im Radiozeitalter, zuweilen beträchtliche Geldbeträge in die Hand nehmen, um bekannte Influencer:innen dazu zu bewegen, Musik aus ihrem Katalog für ihre Kurzvideos zu verwenden. Zweitens bemühen sich die Künstler:innen selbst, so wie Ski Aggu dies gelang, einen TikTok-Trend zu initiieren. Dazu eignen sich insbesondere kurze Choreografien, die dann von tausenden Fans imitiert werden. So diente etwa das Tanzvideo zum Song »About Damn Time« der US-amerikanischen R&B-Sängerin Lizzo als Vorlage für mehr als 1,6 Millionen usergenerierte Kurz-Videos. Manchmal reicht aber auch bloß eine lustige Liedzeile, die sich gut pantomimisch darstellen lässt, wie in dem Song »Old Town Road« von Lil Nas X. Daran lässt sich schon erkennen, dass drittens die Musik selbst ›tiktokable‹ sein sollte, d.h. an die Flüchtigkeit der kurzen Clips angepasst werden muss. Die Musiker:innen sind angehalten, Stücke zu produzieren, die kurze und eingängige Sequenzen enthalten, die sich als ›hook‹ schnell einprägen und leicht wiedererkannt werden. Für längere Intros oder eine komplexe Strophen-Struktur ist schlicht keine Zeit.

Die neu entstehende Symbiose zwischen Musikindustrie und TikTok ist also zweifellos ambivalent. Sie bringt Vorteile für die Partner, aber führt auch zu zahlreichen Konflikten und lässt sich wohl gut als antagonistische Kooperation charakterisieren. Richten wir abschließend noch den Blick auf die Kreativen. Wo stehen die Künstler:innen in diesem Kooperationsnetzwerk? Es wäre sicher zu einfach, diese bloß als Opfer der großen Industrie darzustellen, obgleich die Verhandlungsmacht zumal der weniger bekannten Musiker:innen zweifellos gering ist. Doch auch Musiker:innen denken strategisch, und ihnen stehen zur Verfolgung ihrer Interessen verschiedene Optionen offen. Gerade die neuen Social-Media-Plattformen wie YouTube, Instagram und TikTok bieten den Kreativen neue Möglichkeiten, an den traditionellen Gatekeepern vorbei ihr Publikum zu adressieren. Auch die Möglichkeiten, Musik ohne die Unterstützung eines Labels zu monetarisieren, nehmen zu. Streaming-Plattformen wie Spotify und Deezer führen die Tantiemen direkt über Musikaggregatoren an die Urheberïnnen ab, YouTube beteiligt die Creatorïnnen über das YouTube-Programm an den Werbeeinnahmen, und auch TikTok bezahlt unabhängige Künstlerïnnen, wenn deren Musik von anderen TikTokerïnnen genutzt wird – allerdings ohne die Aufrufe zu berücksichtigen. Dementsprechend bescheiden dürften die Zahlungen ausfallen.

Der Vorteil einer professionellen Musikkarriere ohne Vertrag mit einem Label liegt zweifelsohne in der größeren Autonomie. In letzter Zeit klagen immer mehr Künstlerïnnen darüber, dass Labels den Erfolg auf TikTok abwarten, bevor die Musik auf Streaming-Plattformen veröffentlicht wird. Unabhängige Musikerïnnen können dagegen sowohl frei über die Gestaltung ihrer Musik als auch über die Vermarktungsstrategie entscheiden. Dennoch schätzen viele die Unterstützung kleiner oder großer Labels, weil diese die Kreativen nicht nur im Marketing unterstützen, sondern bei der Verwertung der Rechte und in Lizenzverhandlungen ein ganz anderes Gewicht haben. Das wird wohl auch der Grund sein, warum Ski Aggu seinem Lable Universal die Treue hält, obwohl er über den befristeten Abzug des Universal-Katalogs von TikTok sicher nicht erfreut war. Letztlich ist wohl auch die Beziehung zwischen Künstlerïnnen und Labels von dieser seltsamen Ambivalenz geprägt, die wir ›antagonistische Kooperation‹ genannt haben. Kreative und Unternehmen bleiben sich nichts schuldig – die Geschichte der Popularmusik bietet unzählige Zeugnisse dieses tiefen Misstrauens – und einigen sich dann doch wieder auf eine Kooperation. ◆

DIE ROAD-MOVIE-RENAISSANCE IM VIDEOSPIEL

Andreas Rauscher

Videospiele können ebenso wie Filme, Serien oder Literatur als Vermittler popkulturellen Wissens dienen: von den zahlreichen Anspielungen auf bekannte filmische Vorlagen und Songs in der »Grand Theft Auto« (»GTA«)-Reihe über Neuauflagen diverser Spieleklassiker wie »The Making of Karateka« (2023) und »Atari 50« (2022) bis hin zu den transmedialen Netzwerken um Spiele-Franchises wie »Dungeons and Dragons« (»D&D«), »Fallout« oder »Super Mario Bros«.

Umgekehrt finden Spielerlebnisse sowohl analoger als auch digitaler Art in der Serie »Stranger Things« (seit 2016) als kollektive Erinnerungen an vergangene Dekaden der Popgeschichte(n) Eingang. Die jugendlichen Protagonistinnen treffen sich regelmäßig in einer typischen Arcade-Spielhalle der 1980er Jahre. Sie tauschen sich über die filmreifen Zeichentrick-Passagen im Laserdisc-Spiel »Dragon's Lair« (1983) aus. In eine Partie des Rollenspiels »D&D« steigen sie derart leidenschaftlich ein, dass sich ihr sportlicher Teamgeist, wie die Montage der Episode betont, in keinerlei Weise vom intensiven Engagement des örtlichen Basketball-Teams bei einem entscheidenden Turnier unterscheidet.

Die in »Stranger Things« gezeigten Spielerlebnisse gehören genauso elementar zur heraufbeschworenen Popkultur der 1980er Jahre wie die BMX-Räder, die Pop-Songs von Kate Bush, die »Ghostbusters«-Halloween-Kostüme oder die Gitarren-Soli von Metallicas »Master of Puppets«-Album. Spiele bilden, ebenso wie die Songs und Filmzitate, einen wesentlichen Bestandteil des Storytellings zwischen atmosphärischer Assoziation und medienbiografischer Erinnerungsarbeit.

Doch neben den ganz konkreten Anspielungen in Form von Soundscapes und ikonografischen Bildzitaten hat sich in den medienübergreifenden Wechselspielen auch eine abstraktere und komplexere Ebene herausgebildet, die über die unmittelbaren Zitate hinausgeht. Diese anspielungsreichen audiovisuellen Geflechte und ihre Strukturen ähneln vielmehr offen angelegten, sich in die unterschiedlichsten Richtungen bewegenden Adaptionsprozessen. Linda Hutcheon diskutierte diese Entwicklung in ihrer 2006 erstmals erschienenen »Theory of Adaptation«. Anstelle eines Originals, das als ein abgeschlossenes Werk verstanden werden kann, schreiben sich einzelne Motive, Figuren, Konflikte, Story-Beats, Settings und Situationen als modulare Bausteine in unterschiedliche Richtungen fort.

Auf diese Weise entstehen frei navigierbare nostalgisch-retrospektive Assoziationsketten um Phänomene wie »Stranger Things«, die für den eigenen Gebrauch als kulturelle Praktiken ausgestaltet werden können. Das Spektrum reicht vom Retro-Spieleabend (die schlechtesten Spiele zu Filmen oder eine Rollenspiel-Session mit den vierzig Jahre alten Modulen) über eine erneute Sichtung alter filmischer ›guilty pleasures‹ (wenn der ambitioniertere »Top Gun: Maverick« (2022) als Anlass genommen wird, den ersten Teil (1986) noch mal zu sichten und dessen Camp-Elemente zu genießen) bis hin zur 1980er-Jahre-Themen-Party.

Derartige Aktivitäten können der gemeinsamen Erinnerungsarbeit dienen und neue kulturelle Events hervorbringen (etwa wenn die New-School-Kiffer-Kombo Cypress Hill im Juli 2024 tatsächlich mit dem London Symphony Orchestra auftritt und dadurch einen Gag aus der dreißig Jahre alten »Simpsons«-Episode »Homerpalooza« performative Wirklichkeit werden lässt). Die Aktualisierung und Neuverhandlung popkultureller Bezüge kann aber auch, wie einige Games-Neuerscheinungen in den letzten Monaten verdeutlichen, eine diskrete Fortschreibung von Motivtraditionen leisten und damit medienübergreifende Übersetzungsarbeit befördern. Die Videospiele »Open Roads«, »Pacific Drive« und »Heading Out« (alle 2024) knüpfen auf sehr unterschiedliche Weise an das Genre des Road Movies an. Weniger offensichtlich als etwa die Bezüge zum modernen Zombie-Film in der »Resident Evil«-Reihe oder zum Gangster-Film der 1980er und 1990er Jahre in den »GTA«-Spielen, aber auf ähnliche Weise systematisch und konsequent knüpft das Design dieser Spiele an beinahe schon in Vergessenheit geratenes Genrewissen an.

Gewöhnlich würde man dieses Wissen eher in der Retrospektive eines kommunalen Kinos, irgendwo zwischen den frühen Arbeiten von Wim Wenders, Quentin Tarantinos »Death Proof« (2007) und neuen Tendenzen im US-amerikanischen Independent-Kino von Kelly Reichardt, verorten. Aber wie bereits in den im Lauf der letzten Jahre erschienenen, ebenso einfallsreichen wie komplexen Brettspiel-Adaptionen zu Jahrzehnte alten Filmvorlagen wie Steven Spielbergs »Jaws / Der weiße Hai«, zu Ridley Scotts »Alien« oder zu Stanley Kubricks »The Shining« deutlich wurde: Spiele können auf ganz eigene Weise filmhistorische und kulturgeschichtliche Vermittlungsarbeit leisten.

Das Road Movie erlebte seine prägende Hochphase gegen Ende der 1960er und zu Beginn der 1970er Jahre. Die Filme waren eng mit der allgemeinen Aufbruchsstimmung des New Hollywood um Regisseur'innen wie Martin Scorsese, Francis Ford Coppola, Steven Spielberg, Bob Rafelson, Monte Hellman, Dennis Hopper, George Lucas und Peter Bogdanovich verbunden. Mit »Easy Rider« (1969) und »Bonnie and Clyde« (1967) finden sich unter den konstituierenden Filmen gleich zwei Road Movies, die den von der französischen Nouvelle Vague inspirierten Generationswechsel auch für die Hollywood-Studios interessant machten.

Die von Rock-Hymnen wie »Born To Be Wild« begleitete, vergebliche Suche der drei Protagonisten (Dennis Hopper, Peter Fonda, Jack Nicholson) nach dem US-amerikanischen Traum in »Easy Rider« endet ebenso tödlich wie die Odyssee des historischen Outlaw-Pärchens Bonnie Parker (Faye Dunaway) und Clyde Barrow (Warren Beatty). Die Biker und Gelegenheitsdealer durchqueren in »Easy Rider« die USA, entgegen der Route des klassischen Western, von Westen nach Osten. Sie besuchen den Mardi-Gras-Karneval in New Orleans und werden kurz darauf von aggressiven Rednecks erschossen. Die anfangs ausgesprochen erfolgreichen Antiheld'innen und (durch die Besetzung mit den Hollywood-Stars Beatty und Dunaway in den 1960er Jahren zu Stil-Ikonen überhöhten) Gangster Bonnie und Clyde rauben während der Depression in den 1930er Jahren Banken aus. Nach einem folgenschweren Verrat aus den eigenen Reihen werden sie in einen Hinterhalt der Polizei gelockt und brutal erschossen.

Die Narrative der beiden Filme, die Quest in »Easy Rider« und der Outlaw-Road-Trip in »Bonnie and Clyde«, avancierten zu Standards des Road Movies. Ihre ästhetischen Besonderheiten prägten nachhaltig die Popkultur, im Fall von »Easy Rider« der Rock-Soundtrack, dessen Songs die inneren Zustände der Protagonisten kommentieren, und im Fall von »Bonnie and Clyde« die von eleganten Outfits der 1930er Jahre inspirierten Kostüme. Beide Aspekte, die Musik und die Mode, bilden Bausteine, die sich über den ursprünglichen Film hinaus verselbständigen können. Sie werden Bestandteil der Popkultur und zirkulieren über unterschiedliche Medien hinweg, bis sie irgendwann als Retro-Referenz in Filmen, Serien und Videospielen landen. Auch die Narrative geben auf der Landkarte der Road Movies bestimmte Richtungen des Storytellings vor, jedoch nicht im Sinne eines minutiösen Ablaufplans, wie ihn einige Drehbuchratgeber verlangen. Vielmehr handelt es sich um eine Topografie, die mit Fahrzeugen durchquert und erkundet wird. Darin ähneln die räumlich organisierten, episodischen Narrative der Road Movies durchaus der Architektur einer Kampagne in einem Open-World-Game.

In seiner umfangreichen, 2010 bei der University of Texas Press erschienenen Studie »Driving Visions« über die Geschichte des US-amerikanischen Road-Movies bemerkt der Filmwissenschaftler David Laderman: »Quest road movies emphasize roaming itself, usually in terms of some discovery; the tone suggests a movement toward something (life's meaning, the true America, Mexico, etc). Outlaw road movies emphasize a more desperate, fugitive flight from the scene of a crime or the pursuit of the law. Most road movies incline toward one or the other of these two narrative dimensions.«

In den New-Hollywood-Filmen der 1970er Jahre wie Bob Rafelsons »Five Easy Pieces« (1970), Monte Hellmans »Two-Lane Blacktop« (1971) oder Peter Bogdanovichs »Paper Moon« (1973) werden die Erlebnisse »on the road« mit sozialkritischen Beobachtungen kombiniert. Diese Ansätze, die sich auf literarische Wegbereiter des Road Movies wie Jack Kerouacs Roman »On the Road« oder John Steinbecks »Grapes of Wrath« zurückverfolgen lassen, erfahren auch in den Independent-Filmen seit den 1980er Jahren eine umfassende Aktualisierung. Manche Road Movies wie die Arbeiten von Jim Jarmusch, darunter »Stranger Than Paradise« (1984) und »Mystery Train« (1989), kommen mit ihren gestrandeten Charakteren häufig gar nicht erst in die Gänge und präsentieren bewusst minimalistisch die Tristesse des Alltags. Die Rock'n'Roll-Metropole und Elvis-Stadt Memphis erweist sich als Betonwüste und der Sunshine-State Florida erscheint karg und leer. Auch die Regisseurin Kelly Reichardt dekonstruiert in ihren Filmen mit den Mitteln des »Slow Cinema« die Dynamik des Genres. In »Wendy and Lucy« (2008) endet die Fahrt der Protagonistin Wendy (Michelle Williams) nach Alaska auf Grund eines defekten Motors bereits innerhalb der Exposition. Mit ihrer treuen Hündin Lucy strandet sie in einem Provinznest im hintersten Oregon und muss sich mit ihren äußerst knapp bemessenen Mitteln durchbeißen. Als ihre Hündin verschwindet, entwickelt sich daraus ein berührendes Alltagsdrama.

Wie David Laderman in »Driving Visions« anmerkt, tendiert das Road Movie auf Grund seiner literarischen Vorläufer zu einer episodischen Struktur, die immer wieder Gelegenheit für Abschweifungen und Umwege bietet. Diese Art der dramaturgischen Konstruktion folgt hinsichtlich der Einheit von Ort, Zeit und Handlung zwar nicht gerade aristotelischen Anforderungen. Sie ist jedoch ausgesprochen anschlussfähig gegenüber der non-linearen narrativen Architektur zahlreicher Videospiele. Es ist kein Zufall, dass »The Last of Us« und »Fallout« sowohl in den Games als auch in den Verfilmungen als Serien sehr starke Parallelen zu Road Movies aufweisen.

Die beiden von Laderman thematisierten Routen des Road Movies, Quest-Struktur und Outlaw-Parabel, bilden zugleich eine ideale Grundlage für ihre Anwendung im Bereich des Gamedesigns. Sowohl das explorative Erkunden ei-

@ GTA

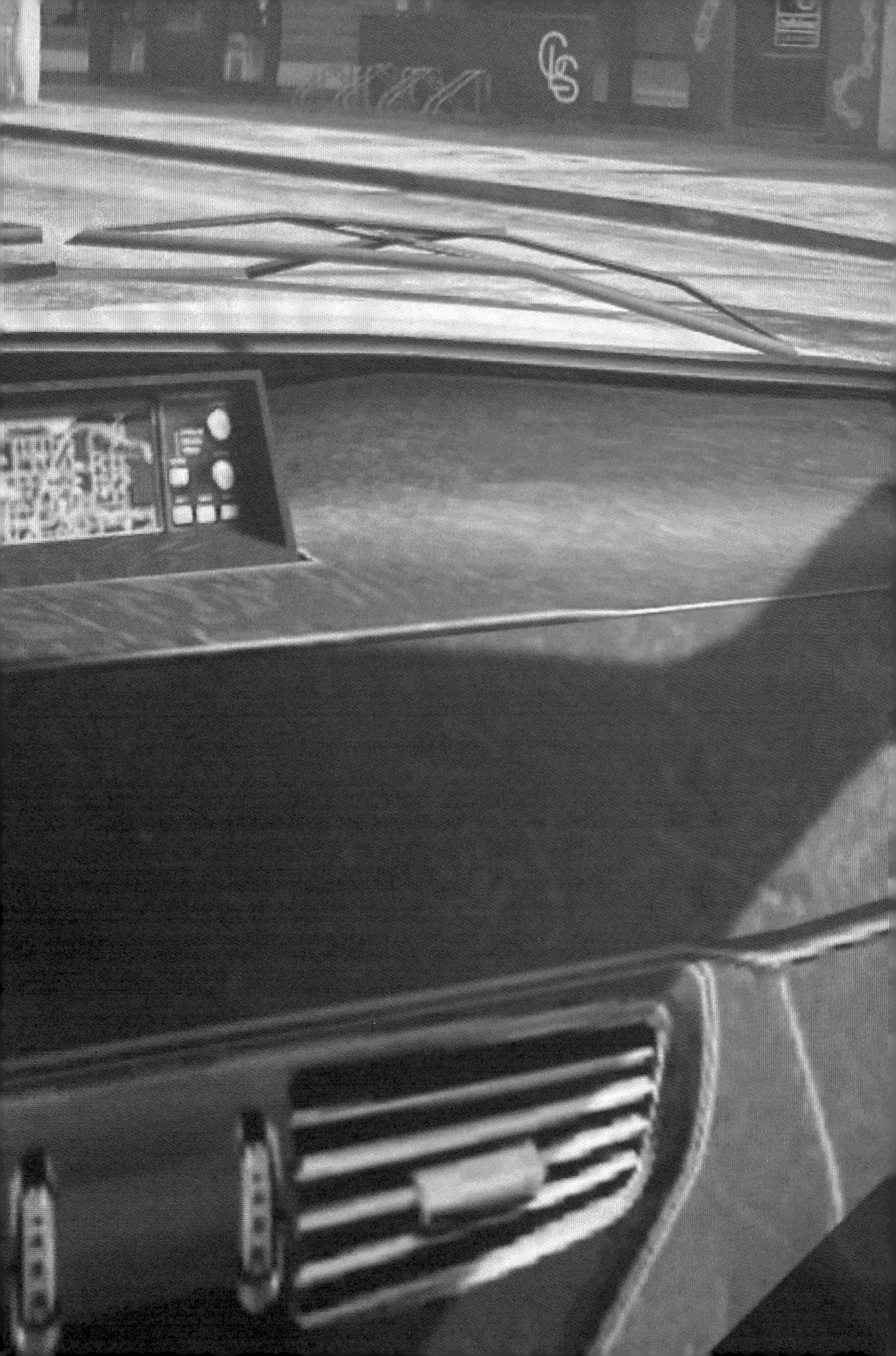

@ Heading Out

ner offen angelegten Spiellandschaft als auch die in spektakulären Verfolgungsjagden kulminierenden Fluchtbewegungen der Outlaws ergänzen sich unmittelbar mit einzelnen Spielmechaniken. Das narrative Muster der Quest gehört zum Standardrepertoire zahlreicher Story-Games, von den klassischen Adventures über epische Rollenspiele bis hin zu Open-World-Games. Die Outlaw-Thematik findet sich hingegen in zahlreichen Action-Adventures, von den »GTA«-Spielen bis hin zur in unterschiedlichen Jahrzehnten angesiedelten »Mafia«-Reihe. In beiden Reihen gehört der Einsatz von Fahrzeugen aller Art

zum wesentlichen Gameplay, und im Unterschied zu alten Arcade-Rennspielen wie »Out Run« werden die durch den Zeitablauf und die Streckenführung streng regulierten Wettrennen durch Spielpassagen ergänzt, in denen die Spieler:innen nach Lust und Laune explorativ durch die Landschaft fahren können. Den begleitenden Soundtrack können sie aus einer Vielzahl von Sendern auswählen. Von entspanntem Seventies-Rock über Old-School-Hip-Hop bis hin zu treibenden Elektro-Beats und Speed-Metal bieten die Radiosender in den »GTA«-Spielen einen Querschnitt durch alle möglichen musikalischen

Genres, ergänzt von hörspielartigen DJ-Moderationen, die auch auf die letzten Aktionen der Spielerïnnen eingehen. Seitdem die grafischen Möglichkeiten in Spielen die freie Navigation durch weite Landschaften erlauben und der dynamische Soundtrack eine Vielzahl an unterschiedlichen Tracks beinhalten kann, lässt sich auch die für Road Movies zentrale Erfahrung des Unterwegsseins überzeugend in Spiele integrieren.

Jenseits von allen kontrovers diskutierten Schießereien und überzeichneten Gangster-Allüren erweist sich etwa »GTA – San Andreas« (2004) mit seinen detailreich nachgestalteten Landschaften von Kalifornien bis hin zur Wüste Nevadas bis heute als der perfekte Road Movie-Simulator. Allerdings deutet diese Spielerfahrung auch einen interessanten Grundkonflikt an, der sich aus der Struktur des Genres ergibt. Denn die langen Passagen durch Kalifornien und Nevada befinden sich näher an den US-amerikanischen-Ausflügen von Wim Wenders wie »Paris Texas« (1984) oder »Land of Plenty« (2004) als an urbanen Hip-Hop-Gangsterfilmen wie »New Jack City« (1991) und Gangsta-Rap-Alben wie »Straight Outta Compton« (1989), die das Geschehen in den Innenstädten bestimmen. Die an klaren Aufgaben orientierten Missionen und Gefechte des zentralen Story-Arcs um die Vorherrschaft über die Banden der Westküste treten nahezu vollständig in den Hintergrund, wenn sich die Spielerïnnen ›on the road‹ begeben. Anstelle von klaren Spielzielen, die mit dem Begriff ›ludus‹ verbunden sind, dominieren die freien Formen und die Ziellosigkeit der mit dem Begriff ›paidia‹ assoziierten Spielformen. Inwiefern nach dem Vorbild von »Easy Rider« (oder auch der von diesem stark inspirierten Road Movies von Wim Wenders) die Fahrten die eigene innere Stimmung widerspiegeln, hängt ganz von der Auswahl und dem Rhythmus der Spielerïnnen ab. Die Musik reflektiert bei den langen Fahrten durch die Welt der »GTA«-Spiele trotz aller »Bonnie and Clyde«-tauglichen Gangster-Romantik nicht die Konflikte der Protagonistïnnen, sondern die Vorlieben der Spielerïnnen, die selbständig zwischen den verschiedenen Radiosendern wählen. Die an Road Movies angelehnte Spielerfahrung ergibt sich nicht automatisch aus dem Regelsystem. Sie besteht vielmehr als erweitertes Angebot zur eigenen performativen Ausgestaltung innerhalb des Gameplays.

Nicht nur der Abgleich zwischen innerer und äußerer Reise bildet ein Problem für Road Movies als Gameplay-Konzept, auch die allen gewöhnlichen Spielzielen entgegengesetzte Ziellosigkeit der Protagonistïnnen formuliert eine interessante Herausforderung für das Gamedesign. Die in den letzten Monaten veröffentlichten Spiele »Pacific Drive«, »Open Roads« und »Heading Out« finden darauf drei unterschiedliche, pointierte Antworten. Die Road-Movie-Elemente markieren in ihnen im Unterschied zu »GTA – San Andreas« nicht nur eine optionale Spielerfahrung oder eine Phase des Übergangs zwischen zwei verschiedenen Abschnitten der Spielhandlung. Sie reihen sich auch nicht einfach in ein weiter gefasstes Netzwerk aus ironischen Americana-

Anspielungen und Zitaten ein, wie die Road Trips in den LucasArts-Adventures »Sam & Max Hit the Road« (1993) und »Full Throttle« (1995).

Die Bezüge zu unterschiedlichen Spielarten der klassischen Road Movies markieren in den drei aktuellen Games den Ausgangspunkt für das gesamte Spielkonzept. Das popkulturelle Wissen um das Leben unterwegs dient nicht mehr nur als Ambiente. Auf der Straße der spielerischen Erinnerungen erweisen sich die Motive der klassischen Road Movies als ausgesprochen lebendig und beeinflussen den gesamten Spielablauf.

Die existentialistischen Untertöne des Road Movies finden in »Pacific Drive« Eingang, indem das Spiel Elemente eines Survival-Games integriert. Die Highways an der Westküste der USA dienen nicht mehr wie in »GTA – San Andreas« als meditativer Ort des Übergangs zwischen den Kapiteln des urbanen Gangster-Dramas. Stattdessen müssen die Spielerïnnen aus einer Werkstatt, die als Ausgangsbasis dient, mit ihrem Auto immer wieder in die verschiedenen Paralleldimensionen einer vage an »Stalker« (Film von 1979, Spiel von 2007) erinnernden verbotenen Zone vordringen. Mit knapp bemessenen Ressourcen müssen sie Hindernisse wie komplette Dunkelheit und Herausforderungen wie defekte Autoteile bewältigen. Auf den sehr stimmungsvollen Touren ergibt sich nach und nach die Hintergrundgeschichte des mysteriösen Landstrichs und seiner merkwürdigen Portale und Zeitverzerrungen.

Der Entwickler Ironwood Studios versteht es auf geschickte Weise, das mit erbeuteten Extras aufgerüstete Fahrzeug zu einem elementaren Bestandteil des Spielgeschehens und die Straße zur Herausforderung jenseits der zirkulären Strukturen eines einfachen Rennspiels zu machen. Das Auto kann sehr persönlich gestaltet werden und delegiert damit die Individualität des Designs, die in Road Movies von »Vanishing Point / Fluchtpunkt San Francisco« (1971) bis hin zu Tarantinos »Death Proof« eine zentrale Rolle spielt, an die Spielerïnnen. David Laderman bemerkt in »Driving Visions«, dass die besondere symbolische Bedeutung der Natur im Road Movie ihre Wurzeln in der Romantik des 19. Jahrhunderts hat: »Rooted in the romantic spirit of the 18th and 19th centuries, pastoralism appears throughout the road movie canon as both motivation and goal; a longing to escape America's congested, confining urban centers; a compulsion to rediscover nature and taste the unpredictable wilderness.«

In »Pacific Drive« verleihen die Bezüge zur Science-Fiction und zum Mystery-Genre der Natur eine erhabene Qualität, die durch die knappen Ressourcen und die nervöse Anspannung eines Survival-Games noch zusätzlich verstärkt wird. Auf anschauliche Weise verdeutlicht das Spiel, wie sich Genrekonzepte aus Filmen und Spielen gegenseitig ergänzen können.

Aus dem Independent-Bereich, in diesem Fall von dem polnischen Studio Serious Sim, stammt das Spiel »Heading Out«, in dem sich zahlreiche aktualisierte Motive aus den Klassikern des New Hollywood, insbesondere aus dem Film »Vanishing Point«, finden. Der Spieler oder die Spielerin übernimmt die

@ Pacific Drive

Rolle eines von Paranoia und Psychosen gezeichneten Fahrers oder einer Fahrerin, dessen/deren Hintergrundgeschichte im Lauf einer Fahrt vom Osten der USA in Richtung Westen etappenweise aufgedeckt wird. Wie Kowalski (Barry Newman), der innerlich zerrissene Protagonist von »Vanishing Point«, setzt der psychisch aufgewühlte Driver seine Fahrt selbst dann fort, wenn er/sie bereits von Erschöpfung gezeichnet ist. Das Spielgeschehen wird aus der Top-Down-Sicht auf einer Karte gezeigt, in der strategisch unterschiedliche Routen gewählt werden können. Als Herausforderungen dienen sowohl die den Avatar

verfolgende Polizei als auch die rot markierte Paranoia, die den Spielerïnnen durchgehend auf den Fersen bleibt. Sobald die Angstzustände den Avatar eingeholt haben, folgt als Resultat der einsetzenden Panikattacke eine halsbrecherische Flucht. Wie auch die verschiedenen Wettrennen, bei denen die Spielerïnnen Geld für die Reparatur des Autos und für Einkäufe unterwegs gewinnen können, und die Verfolgungsjagden durch die Polizei, werden die Panikfahrten als rudimentäres Rennspiel ausgespielt. Von einer kontemplativen Passage wie in den »GTA«-Spielen fehlt jegliche Spur. Die Fahrten ähneln rudimentären

@ Vanishing Point

BECAUSE EVERYTHING HAPPENS FAST
THE CHASE · THE DESERT · THE SHACK
THE GIRL · THE ROAD BLOCK
THE END ·
NG
IT
STARRING
BARRY NEWMAN
PRODUCED BY
NORMAN SPENCER
DIRECTED BY
RICHARD C. SARAFIAN
SCREENPLAY BY
GUILLERMO CAIN
EXECUTIVE PRODUCER
MICHAEL PEARSON
Original Soundtrack Recording on London Records HLU 10334
Printed in England by Lonsdale & Bartholomew (Nottingham) Ltd.

Rennspielen vor relativ ähnlichen Kulissen, die über die Dauer von ein oder zwei Songs hinweg bestanden werden müssen. Eine Radiomoderatorin dient als Game-Analogon zu DJ Super Soul (Cleavon Little) aus »Vanishing Point«. Sie begleitet und kommentiert die Reise, die je nach gewählter Radiostation aus konträren Perspektiven interpretiert wird. »Heading Out« verfolgt weitgehend eine progressive Agenda. Wie die Reise selbst ausgespielt wird, hängt jedoch von den Konfigurationen der Handlung durch die Spielerïnnen ab.

Die Fortsetzung einer weiteren Strömung des Road Movies findet sich in »Open Roads« von Annapurna Interactive. Das Studio hatte sich mit stilprägenden Indie-Spielen wie »Kentucky Route Zero« (2013-2020), »What Remains of Edith Finch« und »Flower« (beide 2017) einen Namen gemacht. Die Handlung von »Open Roads« knüpft auch nicht an den totemistischen Charakter der Autos oder an die existentielle Erfahrung des Erhabenen an, die in »Pacific Drive« eine zentrale Rolle spielen. Wie in dem weitgehend von den gleichen Entwicklerïnnen designten, queeren Coming-of-Age-Drama »Gone Home« (2018) stehen die Protagonistinnen ganz im Mittelpunkt der Handlung. »Gone Home« betrieb ein raffiniertes Spiel mit Erwartungshaltungen. Ein vermeintliches »Haunted House«, das die junge Protagonistin nach ihrer Rückkehr von einem Studienjahr in Europa in einer regnerischen Nacht verlassen vorfindet, erweist sich als Schauplatz eines Indie-Dramas, in dem es nicht um Geister und Heimsuchungen, sondern stattdessen um das Beziehungsleben der Eltern und das Coming-Out der jüngeren Schwester geht. Daher erscheint es nur konsequent, dass sich »Open Roads« näher an den Alltagsdramen von Kelly Reichardt wie »Certain Women« (2016) als an der Outlaw-Romantik von »Easy Rider« befindet. Die Schauplätze, wie das Haus der verstorbenen Großmutter, dienen wie in »Gone Home« als Eintrittspunkte in die Hintergründe einer komplizierten Mutter-Tochter-Beziehung. Der Road Trip wird zur Selbsterfahrung und zur Chance einer neuen Annäherung zwischen den entfremdeten Hauptfiguren. Das präzise Augenmerk auf narrative Umgebungen und auf die Beweggründe der Charaktere knüpfen an die klassische Kombination von innerer und äußerer Reise an. Allerdings wird die Reise nicht zu einem melancholischen Trip auf der Straße der Verdammnis, wie es in den Filmen des New Hollywood allzu oft geschah. Das Verhältnis zwischen Mutter und Tochter wird durch die narrative Linse ambitionierter Independent-Ansätze betrachtet. An der Kreuzung zwischen Slow Cinema und Independent Games ergänzen sich zwei Stiltraditionen zwischen Kino und Games produktiv. Es erscheint ausgesprochen vielversprechend, diese Schnittpunkte auch im Kontext von transmedialen Verknüpfungen als Ergänzung und Alternative zu den kommerziellen Franchises im Auge zu behalten. ◆

DAS MARKETING IST TOT, LANG LEBE DAS MARKETING!

Wolfgang Ullrich

In den späten Nuller- und frühen Zehnerjahren hielt ich häufig Vorträge über Konsumkultur. Um meine Thesen zur Inszenierung und semantischen Aufladung von Produkten sowie zu Strategien des Marketing anschaulicher zu machen, brachte ich gerne Beispiele mit. Mineralwasserflaschen oder Haushaltsgeräte wären bei Reisen mit dem Zug jedoch zu sperrig gewesen, darum operierte ich meist mit Duschgels, die sich in ein oder zwei Taschen transportieren ließen. An diesem Produkttyp konnte ich verschiedene warenästhetische Phänomene besonders gut erklären. An mehreren Duschgels im Vergleich ließ sich etwa zeigen, ob und wie visuelle, haptische, akustische und olfaktorische Reize im Design jeweils aufeinander abgestimmt sind. Es ging um Metaphern und Narrative, nicht nur in den Texten auf der Verpackung, sondern auch in der Formensprache, etwa wenn eine Duschgelflasche an einen Parfümflakon oder an einen Honigspender erinnert. Und es interessierte mich, in welche Rolle die Konsumentinnen durch das Design jeweils versetzt werden. Spricht man sie als verantwortungsbewusst oder cool, als therapiebedürftig oder humorvoll, als wettkampforientiert oder nostalgisch an?

Ein Schlüsselerlebnis hatte ich 2007 in Essen bei einem Vortrag an der Folkwang-Hochschule, denn von da an wurde ich zum Sammler. Nach meinem Vortrag kam ein Designer, Jürgen Junginger, zu mir und schenkte mir eine Rarität, nämlich eines der ersten Duschgels überhaupt, das er Mitte der 1970er Jahre entworfen hatte. Nun hatte ich auch ein Duschgel, das nicht mehr auf dem Markt, sondern historisch war. An ihm konnte ich fortan zei-

POP. Kultur und Kritik • Heft 25 Herbst 2024 • S. 53–59 • © transcript

gen, wie sich der Produkttyp aus seinen schlicht funktionalen Anfängen entwickelt hatte.

Mindestens einmal im Monat ging ich in Drogeriemärkte und Kaufhäuser, um nach neuen Produktvarianten Ausschau zu halten. Meine Sammlung wuchs schnell und umfasste bald viel mehr Objekte, als ich bei einem Vortrag zum Einsatz bringen konnte. Das ging einige Jahre so, in denen ich zudem immer häufiger Duschgels geschenkt bekam, meist von Freunden, die sie von Reisen in anderen Ländern mitbrachten. Ab Mitte der 2010er Jahre begann die Sammlung jedoch zu stagnieren. Es gab kaum noch interessante neue Varianten, vielmehr hatte ich zunehmend das Gefühl, alles schon zu kennen. Ich fing an, mich mit den Duschgels zu langweilen, ja es schien mir, als sei deren Design müde geworden.

Wenn ich heute in einen Drogeriemarkt gehe, bekomme ich sogar richtig schlechte Laune. Denn was dort angeboten wird, ist höchstens noch ein Restsortiment dessen, was mich einst zum Sammler werden ließ. Einige ehedem besonders starke, innovative Marken sind verschwunden, andere wiederholen ihre Botschaften einfallslos noch- und nochmals, und ein paar neu dazugekommene Anbieter weisen von vornherein ein sehr plattes Design auf. Was ist da los? Ich fühle mich in eine Welt versetzt, die mit der vor fünfzehn Jahren nicht mehr viel gemeinsam hat. Wo ist die Prägnanz, die ästhetisch-rhetorische Kraft geblieben, die zumindest etliche bessere Produktvarianten besaßen? Warum sind viele Formen von Fiktions-, Distinktions- und Bekenntniswert, gerade bei Duschgels ehedem alle höchst relevant, sogar verschwunden?

Der Versuchung, gleich ein Ende der Konsumkultur auszurufen und damit eine neue Spielart kulturpessimistischer Weltbetrachtung zu initiieren, möchte ich widerstehen. Ebenso wenig dürften aber alte Spielarten des Kulturpessimismus tragen, die darin bestünden, mit erhobenem Zeigefinger und Genugtuung im Gesicht zu vermelden, der gesamte Konsumkram sei eben doch so oberflächlich und banal, wie man das mit kritischem Bewusstsein schon immer habe erkennen können. Nun habe endlich auch ein Umdeuter wie ich genug davon, der aus Prinzip oder übertriebener Neugier gut finden wollte, was jeder vernünftige Mensch nur als Ärgernis empfinden konnte. Und seien nicht auch die ehedem vermeintlich besseren Designs nur eine Summe hohler Effekte?

So wenig ich diesem Zeigefinger zu folgen bereit bin, so sehr lasse ich den Banalitätsvorwurf aber gelten – wenn auch in modifizierter Weise. Natürlich wurden bei einem Produkttyp wie Duschgels nie ernste und existenzielle Fragen verhandelt (warum auch?!), bestenfalls ging es bei einigen Marken um Themen wie Ressourcenknappheit und Klimawandel. Aber sie waren banal auf angenehme Weise: harm- und folgenlos wie ein Stück Unterhaltung. Sie ließen von Südsee oder Romantik träumen, verhießen mehr Fitness oder einen ruhigen

@ Wolfgang Ullrich

Abend, schmeichelten den Konsument:innen damit, besonders gesundheitsbewusst oder verantwortungsvoll zu sein.

Gerade diese Harmlosigkeit aber bereitet mir mittlerweile Dissonanzgefühle. Ich habe den Eindruck, sie passt nicht mehr in die Zeit – in eine Zeit voller Krisen und Unsicherheiten. Schon in den Pandemie-Jahren stieß das Konzept, Konsumprodukte wie Massen- und Unterhaltungsmedien zu gestalten, an Grenzen. Denn Home Office und Social Distancing, Zoom und Masken führten zu einem starken Rückgang von Anlässen, bei denen man über Konsumprodukte miteinander kommunizierte. Zwar konnte man eigene Konsumvorlieben nach wie vor in den Sozialen Medien posten, doch fehlte es an Öffentlichkeit in Form von Partys, Großveranstaltungen, Ausflügen, bei denen man anderen mit Kleidung, Accessoires, Essen und Trinken, Kosmetik und vielem mehr – subtil oder demonstrativ – signalisieren kann, was für ein Typ man ist, womit man sich identifiziert oder was einem wichtig ist. Auf einmal liefen die ausgeklügelten Produktbotschaften ins Leere.

Seither hat sich dieser Eindruck verstärkt. Die oft beschworenen Polykrisen und die allenthalben konstatierte Zeitenwende lassen vieles, das noch vor ein paar Jahren lustig oder interessant war, etwas schal werden. Man empfindet die Narrative und Inszenierungen von Produkten wie Duschgels nun als zu sorglos, zu naiv, zu selbstbezogen. Sie wirken unangemessen angesichts des Ernsts der Lage, und das mit ihnen verfolgte Ziel, den Menschen gute Gefühle zu geben, wird nicht mehr erfüllt. Vielmehr erinnern sie nur daran, wie unbeschwert das Leben lange war, und vergegenwärtigen so die aktuellen Ängste und Unsicherheiten vieler Menschen sogar umso stärker.

Das betrifft im Übrigen nicht nur Duschgels und andere stark gestaltete Konsumprodukte, sondern genauso viele Filme, Romane oder Kunstinstallationen, die bis vor wenigen Jahren entstanden sind (und manchmal noch heute entstehen). Sie zu rezipieren, weckt mittlerweile häufig gemischte Gefühle: Man wird nostalgisch angesichts einer Atmosphäre relativer Unbekümmertheit mit zum Teil vielleicht sogar konstruiert wirkenden Nöten und Konflikten, zugleich wundert man sich, wie unpolitisch und unschuldig viele Sujets waren – und findet sie eben deshalb mittlerweile provozierend banal (ist ein klein wenig vielleicht sogar froh, dass es heute um mehr geht).

Bei Konsumprodukten fällt jene Banalität aber negativer auf als bei Filmen oder Kunst. Denn während man diese immerhin noch als semihistorische Artefakte genießen kann, ihr zeitgeschichtlicher Wert also von Jahr zu Jahr steigt, sind Alltagsprodukte genauso durch ihren Gebrauch bestimmt. Daher müssen sich ihr Design und die darin artikulierte Semantik in der gegenwärtigen Welt bewähren. Oder aber ihre Gestaltung und ihr Marketing werden als Störgeräusche empfunden, die man auszublenden versucht, was entsprechend stresst. Markenprodukte, die vor einigen Jahren noch ein großer Markterfolg gewesen sein mögen, bleiben jetzt also liegen, und da manche Produkttypen für die neuen

Verhältnisse – für den Ernst des Lebens – nicht gut geeignet sind, werden sie aussortiert oder zumindest nicht weiter hergestellt. Andere werden auf ihren Gebrauchswert eingedampft – oder man übernimmt alte Inszenierungsformen nur noch in reduzierter Form, verwendet also keinen neuen gestalterischen Ehrgeiz darauf. Das alles zusammen führt zu jenem mickrigen Gesamtbild in einem Drogeriemarkt.

In ihrer defensiven Designpolitik werden die Labels zudem insofern bestärkt, als ambitionierte Inszenierungen wegen ihres Materialaufwands mittlerweile schnell als ineffizient und daher als schwerfällig oder übertrieben, als unstatthafte Verschwendung gelten. Solange man sich noch keine allzu großen Sorgen um die Zukunft machte, ließ sich verdrängen, wie viele Ressourcen für ein bisschen Unterhaltung, Motivation oder Illusion zum Einsatz kamen, aber jetzt wird das von viel mehr Menschen als quälend unnütz, gar als zynisch empfunden. Sie setzen, wo möglich, lieber auf nachfüllbare Flaschen und sparsame Designs, auf eine eher puristische Neuauflage des Prinzips ›form follows function‹.

Dass es in Regalen mit Duschgels mittlerweile so öde aussieht, hat aber noch mit einer anderen Entwicklung zu tun. Vor fünfzehn Jahren entschieden viele Konsumentïnnen erst während des Einkaufs, im Vergleich verschiedener Produktangebote, welcher Variante sie den Vorzug gaben. Gerade weil es so viele verschiedene Designs gab, weil größere Marken mit immer neuen Varianten unterhielten, hätte man sich um einiges an Vergnügen gebracht, wäre man kategorisch produkttreu gewesen. Dass der ›Point of Sale‹ so wichtig war, begünstigte aber auch ausgfeilte Inszenierungen, die es einem Produkt leichter machten, in der Konkurrenz zu Mitbewerbern aufzufallen. Je besser es Verheißungen zu wecken vermochte, je emotionaler und schlüssiger der innere Film war, den es in seiner Gestaltung, mit seinen Botschaften auslöste, desto wahrscheinlicher landete es im Einkaufskorb.

Heute hingegen kennen viele die Produkte bereits von Influencern, denen sie bei Instagram oder TikTok folgen. Daher haben sie eine Kaufentscheidung getroffen, längst bevor sie in den Laden gehen. Das Produkt muss sie dort also nicht erst überraschen und überzeugen. Damit es aber überhaupt so weit kommt, von Influencern präsentiert zu werden, muss es auf deren Interessen sowie auf die Mechanismen der Sozialen Medien abgestimmt sein. Das Produkt muss sich dazu eignen, in die jeweilige Lebens- und Wertewelt der Influencer eingebaut zu werden. Dazu sollte es einerseits in eine jeweils gerade angesagte Produktwelt passen (aktuell etwa zu so schwermütig-sentimentalen Trends wie #oldmoneycore, #coquettecore oder #darkacademia), andererseits aber darauf angelegt sein, dass die Influencer etwas damit tun können, das ihr Video suggestiv und überraschend macht und sie selbst bestenfalls auch nochmals besser zur Geltung bringt. Wenn die Benutzung eines Produkts ein ASMR-Geräusch oder einen ›oddly satisfying‹-Effekt erzeugt, kann das also genauso von Vorteil sein wie eine chemische Reaktion, die seine Verwendung auslöst, oder irgendeine Art von Metamorphose, die sich in oder mit ihm in Szene setzen lässt.

Wer heute ein Produkt entwickelt, braucht also andere Prioritäten als noch vor ein bis zwei Jahrzehnten. War damals eine kompakte Gesamterscheinung, ja die geradezu immersive Verdichtung vieler Codes auf dem begrenzten Raum des Produktkörpers entscheidend, so müssen Produkte, die durch Influencer zu Erfolg gelangen sollen, viel offener disponiert sein. Statt durch rhetorische Wucht, die am ›Point of Sale‹ überwältigt, haben sie sich dadurch hervorzutun, dass sie verschiedene Möglichkeiten der Inszenierung erlauben. Ihre Bedeutung, ihr Image entsteht nicht mehr durch das Design, sondern durch Influencer, die etwas damit machen.

Ein Produkttyp wie Duschgel ist hier offensichtlich im Nachteil. Man mag dafür vielleicht noch einen Sound kreieren können, der tiktoktauglich ist, aber unter der Dusche lässt sich mit dem Gel nicht viel anfangen. Schnell würde es zu intim, aber auch sehr umständlich bei der Aufnahme, während gezielt funktionsfremde Nutzungen bemüht und fragwürdig wirken dürften. Auch die Influencer selbst könnten dabei kaum brillieren, ganz anders als etwa bei Mode oder bei Produkten zur Hautpflege. Gerade letztere haben in den zurückliegenden Jahren eine ähnlich große Karriere gemacht wie Duschgels vor zwei Jahrzehnten. Sie lassen sich meist bildstark auftragen, man kann damit malen, kann sie – mal gestisch-expressiv, mal behutsam-sanft – verreiben oder verblüffend mischen. Vor allem aber passen sie zur gestiegenen Bedeutung des Gesichts als einer Fläche der Inszenierung in den Sozialen Medien.

Die Macht der Influencer ist auch sonst nicht zu unterschätzen. Nicht nur, dass sie ein Produkt kontextualisieren und promoten, sondern genauso die Art und Weise, wie sie das tun, wirkt oft stilbildend. Wie sie über das Produkt sprechen oder womit sie es kombinieren, lässt sie dann etwa als Expertïnnen, als engagierte Aktivistïnnen oder als Genussmenschen erscheinen. Damit aber fungieren sie zugleich als ›role models‹ – und entlasten dadurch das Design davon, den Konsumentïnnen ein Rollenangebot zu machen. Sorgen sie also für Identifikationsmomente, die oft viel stärker sind, als sie ein Produkt für sich alleine – bloß dank seiner Gestaltung – bereiten könnte, gelingt es ihnen oft zudem, eine ›community‹ um sich und die beworbenen Produkte herum zu erschaffen. Damit erfüllen sie besser, was schon länger das Versprechen von Markenprodukten war, die auch deshalb mit großem Aufwand gestaltet und mit viel Bedeutung aufgeladen wurden.

Influencer haben auf diese Weise gleich mehrere Funktionen übernommen, die bis dahin vom Produktdesign abgedeckt wurden. Auch deshalb erscheint dieses oft müde und unambitioniert: Es ist nicht mehr so wichtig, an ihm entscheidet sich weniger. Selbst heute boomende Produktgruppen wie jene Hautpflegeprodukte sind daher bei weitem nicht mehr so eindrucksvoll-komplex gestaltet wie ehedem etwa Duschgels. Ich jedenfalls käme nicht auf die Idee, sie zu sammeln.

Tatsächlich war es nur eine relativ kurze Zeit, in der nahezu das gesamte Marketing eines Produkts in dessen Design steckte. Davor setzte man die längste Zeit auf Reklame. Man brachte die Argumente für ein Produkt in Anzeigen und Werbespots zur Sprache, konnte (und musste) dabei oft auch Mängel der Produktentwicklung kompensieren oder auf eine geänderte Wettbewerbslage oder einen sich wandelnden Zeitgeist eingehen. Werbung war flexibler und schneller, es war einfacher, sie zu variieren als das Produkt selbst. Erst mit neuen Materialien und Techniken, aber auch infolge von mehr Marktforschung kam es dazu, dass sich das Marketing in das Produktdesign verlagerte. Die Werbung für das Produkt erledigte nun dieses selbst – bis die Influencer kamen und dazu führten, dass sich die Form des Marketing erneut grundlegend zu ändern begann.

Innerhalb weniger Jahrzehnte hat also eine doppelte Verschiebung des Marketing stattgefunden. Und wie man vor zwanzig Jahren enttäuscht darüber sein konnte, dass die Qualität – der Witz und die Originalität – von Print-Kampagnen nachgelassen hatte, lässt sich heute bedauern, dass in vielen Ladenregalen kaum noch Produkte stehen, die durch ein gut choreografiertes Design auf sich aufmerksam machen.

Meine Sammlung an Duschgels habe ich mittlerweile stark verkleinert, habe nur noch einige Schlüsselwerke der Geschichte dieses Produkttyps behalten – Meisterwerke der Gestaltung und Inszenierung, die jene kurze Periode am besten repräsentieren, in der das Marketing in den Produkten selbst stattfand. Dass dies – zumindest im Rückblick – eine unbeschwerte Zeit war, ist vermutlich kein Zufall. Nur weil man so materialfreudig und optimistisch war und im Wohlstand fast schon eine Selbstverständlichkeit sah, konnte man darauf verfallen, Produkte wie Duschgels so stark – so sorglos – immer weiter mit Bedeutung und Funktionen aufzurüsten. Die Reste meiner Sammlung werde ich als zeithistorische Dokumente darum auch sicher behalten. ◆

GEFÄLLT MIR – NICHT MEHR

Annekathrin Kohout

Gefällt mir! Keine Reaktion ging in den Anfangszeiten Sozialer Medien leichter und unbekümmerter über die Fingerspitzen als diese kleine, aber wirkungsvolle Geste der Zustimmung. Meine persönliche Like-Sozialisation beweist aber, wie schnell sich digitale Praktiken neuen Bedingungen anpassen und mit ihnen verändern können. Habe ich die Verteilung von Likes anfänglich zugegebenermaßen recht ernst genommen, war teilweise streng und selektiv, so wurde ich schnell immer großzügiger und fing an, eine Menge Inhalte zu liken, die mir nicht unbedingt gefallen haben. Manchmal wollte ich lediglich das Engagement derjenigen würdigen, die sie kreiert hatten, ein anderes Mal wollte ich sie aus strategischen Gründen glauben lassen, dass ich ihren Content mag. Je nach Plattform ging es mir auch darum, einen Beitrag durch das Betätigen des Like-Buttons zu archivieren. Doch meistens habe ich geliked, weil ich es als soziale Verpflichtung empfunden habe. Was würden meine Freund'innen denken, wenn ich ihrem neuesten Bild auf Instagram kein »Gefällt mir« gebe, sprich: sie ignoriere?

Innerhalb kürzester Zeit war das Liken nicht nur zur bedeutendsten Messgröße für das Engagement der Nutzenden innerhalb der »Like-Ökonomie« (wie Anne Helmond und Carolin Gerlitz die medienspezifische Logik von Social-Media-Plattformen 2013 in »The Like Economy: Social Buttons and the Data-Intensive Web« charakterisiert haben), sondern zur zentralen Kulturtechnik der Digitalkultur geworden, bei der es um grundlegende soziale Aushandlungsprozesse ging. Ein Like wurde vielfältig verteilt, sei es, um eine Person bloß wissen zu lassen, dass man ihre Inhalte gesehen hat, oder um sich bei anderen präsent zu machen, Verbindungen zu ihnen herzustellen, oder aber um umgekehrt auf subtile Weise eine Geste der Aufmerksamkeit und Zuneigung für die eigenen Inhalte einzufordern. Letzteres hatte Johannes Paßmann in seiner Twitter-Ethnologie »Die soziale Logik des Likes« (2018) dazu veranlasst, das Like nicht nur als geldähnliche Währung innerhalb der sogenannten Aufmerksamkeitsökonomie, sondern auch als Teil einer Gabenökonomie zu betrachten. Er hat plausibel gemacht, wie das Liken – aber auch das Teilen, Folgen und Zurückfolgen – ein wichtiger Bestandteil der digitalen Kultur des Gebens, Empfangens und Erwiderns geworden ist.

Wurde der Like-Button von Facebook von manchen als radikal demokratisches Instrument gepriesen, war er zugleich von Beginn an auch ein beliebtes Angriffsziel kulturpessimistisch eingestellter Theoretiker:innen. Regelmäßig wurden etwa die negativen psychologischen Effekte des Likes als Belohnungssystem beklagt, führen ausbleibende Gefällt-mir-Klicks doch zum Gefühl fehlender Anerkennung und damit verbunden zu Neid und Frustration. Unvergessen ist in dem Zusammenhang auch die Black-Mirror-Folge »Nosedive – Willkommen in der Like-Hölle«, in der die Quantifizierung sämtlicher Bereiche des Lebens durch Bewertungssysteme als eine Dystopie vorgeführt wurde, die aber der Gegenwart ziemlich nahekam.

Immer wieder wurden Likes zudem als oberflächliche Gesten abgetan, als Symptom einer spätkapitalistischen »Positivitätsgesellschaft«, wie etwa Byung Chul-Han nicht müde wurde zu raunen. So zum Beispiel in einem Interview mit der »Zeit« vom 07.09.2014: »Wir leben in einem Zeitalter des ›Like‹. Es gibt keinen ›Dislike‹-Button bei Facebook, es gibt nur ›Like‹. Und dieses ›Like‹ beschleunigt Kommunikation, während ›Dislike‹ die Kommunikation stocken lässt. Auch eine Verletzung lässt die Kommunikation stocken. Selbst die Kunst will heute nicht mehr verletzen.«

Ein Grund für die Entstehung solcher sozialen Praktiken und ihrer Kommodifizierung war immer schon ihre Transparenz, die Sichtbarkeit des Likes. Gefällt-mir-Angaben werden nicht nur denjenigen angezeigt, die sie erhalten oder vergeben, sondern auch – wenn es sich um ein öffentliches Profil handelt – Dritten, die nicht unbedingt in die soziale Beziehung der Beteiligten involviert sind. Darin steckt wiederum Potenzial für Kränkungen und soziale Enttäuschungen verschiedener Art. Warum hat eine Freundin den Beitrag einer Feindin geliked? Gerade bei streitbaren Inhalten sehe ich mir fast immer die Gefällt-mir-Angaben an, was nicht selten Überraschungen bereithält. Hatte ich die Meinung oder Haltung einer bestimmten Person derart fehleingeschätzt? Wie gehe ich nun damit um?

Deshalb hat die Transparenz des Likes nicht zu einer »Hölle der Positivität« beigetragen, in der es keine »Negativspannung« mehr gibt, die sich »von der Dialektik als auch von der Hermeneutik« verabschiedet, wie es Byung

The Comedian Drew Portnoy @drewportnoy · 12. Juni
Is this known as the Geraldine Rauch effect?
Deine „Gefällt mir"-Markierungen sind jetzt privat
Zum besseren Schutz deiner Privatsphäre sind „Gefällt mir"-Markierungen nun für alle privat. Wenn du mehr Posts mit „Gefällt mir" markierst, erhältst du einen besseren Feed in deiner Timeline „Für dich".
OK

@X

Chul-Han 2014 in seinem Buch »Transparenzgesellschaft« diagnostizierte. Auch wenn man diese Mechanismen nicht einfach von der Hand weisen kann und sollte, hat die Like-Kultur doch mindestens genauso dazu beigetragen, Spannungen zu erzeugen, wo vorher womöglich gar keine waren, und vielfach zu einer Beschleunigung von Dialektik und einer enormen Steigerung hermeneutischer Praktiken geführt – Geert Lovink nannte die Kommentar- und Bewertungskultur der Sozialen Medien in seinem Buch »Das halbwegs Soziale« bereits 2012 eine »Massenhermeneutik«. Dabei wird längst nicht mehr nur über die Intention eines Likes spekuliert. Ich denke dabei etwa an den Aufruhr, der von einer Gefällt-mir-Angabe Melania Trumps erzeugt wurde, die sie einem Posting gegeben hatte, das sich darüber lustig machte, wie ihr Gesicht während der Amtseinführung ihres Mannes von einem breiten Lächeln (als Trump sich ihr zuwandte) zu einem genervten Stirnrunzeln (als er sich wieder umdrehte) wechselte. Dadurch wurde die Beziehungsgerüchteküche natürlich mächtig zum Brodeln gebracht.

Das war im Jahr 2017 und seither hat sich einiges getan. Likes werden immer seltener intuitiv vergeben, sie folgen auch längst nicht mehr nur sozialem Kalkül, sondern sind mehr denn je Ausdruck eines enorm gewachsenen User-Selbstverständnisses. Das bedeutet, viele sind sich der Macht und Konsequenzen ihrer Likes bewusst. Zum einen, was den Einfluss auf die personalisierten Algorithmen betrifft – ich like beispielsweise regelmäßig bestimmte Accounts fast unabhängig von ihren Inhalten, damit mir diese weiterhin angezeigt werden (das gilt vor allem für Nachrichten-Profile wie das der »Tagesschau«). Zum anderen, aber eng damit verknüpft, gibt es auch ein gestärktes Selbstverständnis hinsichtlich der Einflussnahme auf die allgemeine Wahrnehmung und Relevanz von Inhalten. User wollen durch ihre Interaktionen bestimmte Inhalte stärken, sie dabei unterstützen, öfter angezeigt zu werden und damit mehr Reichweite zu generieren. Sie sind deshalb ein beliebtes und kraftvolles Werkzeug in den Kulturkämpfen der Gegenwart.

Dass Likes einem schnell zum Verhängnis werden können, zeigte im Mai 2024 der Fall von Geraldine Rauch. Die Präsidentin der TU Berlin hatte unter ihrem privaten X-Profil Beiträge geliked, die von Nils Kottmann in seinem Artikel mit dem Titel »TU-Präsidentin gefallen antisemitische Tweets« in der »Jüdischen Allgemeinen« vom 28.05.2024 als eindeutig antisemitisch eingeschätzt wurden. Unter den besagten Postings war z.B. ein Bild, auf dem türkische Demonstranten Israels Ministerpräsidenten Benjamin Netanjahu Hakenkreuze auf die Brust malen. Den Artikel beendete Kottmann mit der noch moderaten Einschätzung: »Inwiefern Geraldine Rauch mit ihrem Nutzerverhalten ihrem eigenen Anspruch gerecht wird, die Technische Universität zu einem Ort des Dialogs zu machen, ist mehr als fraglich.« Direkt im Anschluss wurden jedoch von jüdischer und konservativer Seite (CDU) Rücktrittsaufforderungen laut. Die auf der Website der TU veröffentlichte Rechtfertigung und

Entschuldigung Rauchs, sie habe den genannten Tweet nur wegen seines Textes geliked und das darunter gepostete Bild zum Zeitpunkt des Likes nicht genauer betrachtet, was ihr leidtäte, wurde als fadenscheinig zurückgewiesen oder als Beleg für eine fehlende Medienkompetenz ins Feld geführt, die sich eine Präsidentin nicht leisten können dürfe. Aber um welche Art von Medienkompetenz geht es hier eigentlich? Welche Maßstäbe werden hier an ein einzelnes menschliches Wahrnehmungsvermögen angelegt?

Geraldine Rauch und auch die TU hatten immer wieder beteuert, dass es sich um die privaten Aktivitäten der Präsidentin handle, auch in ihrer X-Bio stand »privat hier« (mittlerweile wurde der Account gelöscht). Tatsächlich dürfte sich für viele das Liken im Social Web noch als zumindest teilweise private und persönliche Praxis anfühlen, doch der Gefällt-mir-Button hat seine Unschuld längst verloren. Ob im Persönlichen oder Öffentlichen: Jede sichtbare und aufgezeichnete Aktivität kann früher oder später für verschiedene Zwecke instrumentalisiert werden. Deshalb ist nicht nur die Frage relevant, welche Interessen Rauch mit ihren Likes verfolgt hat, sondern genauso, welche Interessen diejenigen hatten, die ein als »privat« markiertes (allerdings nicht auf privat geschaltetes) Profil auf problematische oder leicht zu problematisierende Inhalte durchsuchten, oder sie vielleicht sogar regelmäßig auf solche überprüfen und nur darauf warten, eine Fahrlässigkeit bestrafen zu können.

Solche Fragen und Verhältnismäßigkeiten müssen auch dann hinzugezogen werden, wenn es um die Strafbarkeit von Likes geht. Bereits 2022 wurde ein Präzedenzfall dafür geschaffen, dass Likes auf Social-Media-Plattformen in bestimmten Kontexten und Rechtsordnungen strafrechtliche Konsequenzen haben können, insbesondere wenn sie als Beitrag zur Verbreitung von diffamierenden, hetzerischen oder verleumderischen Inhalten angesehen werden. Ein Nutzer hatte einen Beitrag auf Facebook geliked, in dem die Trauerfeier zweier Polizisten, die am 31.01.2022 in Kusel bei einer Verkehrskontrolle erschossen worden waren, mit den Worten »Keine einzige Sekunde Schweigen für diese Kreaturen« kommentiert wurde. Wegen diesem »Like« beantragte die zuständige Staatsanwaltschaft Meiningen eine Hausdurchsuchung, weil sie der Ansicht war, das Liken erfülle den Straftatbestand der Verunglimpfung des Andenkens Verstorbener nach § 189 StGB sowie die Belohnung und Billigung von Straftaten nach § 140 StGB. Das Landgericht Meiningen wertete das Like als Zustimmung und genehmigte sowohl die Hausdurchsuchung als auch die Beschlagnahmung sämtlicher digitaler Geräte (nachzulesen etwa in dem Artikel »Mit Hausdurchsuchungen gegen Likes« von Daniel Leisegang, der am 14.10.2022 auf netzpolitik.org veröffentlicht wurde).

Wurde in diesem Zusammenhang vor allem die Gefährdung der Meinungsfreiheit diskutiert, muss auch die Frage nach sozialer Verantwortung gestellt werden. Denn jedes Like trägt zur Verbreitung und Sichtbarkeit von Inhalten bei, die sich als problematisch oder schädlich erweisen können (auch wenn es z.B. nur darum geht, diese zu archivieren). Und obwohl sich User dessen häufig bewusst sind, lehnen sie es ab, Verantwortung für ihr Handeln zu übernehmen. Die Debatte um die strafrechtliche Relevanz von Likes wirft somit ein Licht auf die tiefergehenden sozialen und moralischen Fragen der digitalen Kommunikation: Welche Verantwortung müssen User für die Inhalte übernehmen, die sie durch ihre Interaktionen verstärken?

In den Jahren 2017 und 2018 hatte man eine Zeitlang das Phänomen des »Social Cooling« diskutiert, eine Art Selbstzensur von Online-Aktivitäten wie Liken oder Teilen, weil man beispielsweise berufliche Konsequenzen fürchtete. Ich erinnere mich gut daran, dass ich das Phänomen nur bedingt ernst nahm oder als hypothetisches Problem ansah, das erst dann wirklich brisant werden würde, sollten sich wieder autoritäre Regierungsformen ausbilden. Ich bin mit dieser optimistischen Einschätzung allerdings zurückhaltender geworden, spätestens als mir selbst einmal wegen eines unüberlegt gesetzten Likes gedroht wurde. Sosehr ich darüber schockiert war und noch immer bin, sehe ich nicht nur Nachteile darin, sich besser zweimal zu überlegen, welche Beiträge man liked, und sich einen notwendigen sensibleren Umgang mit digitalen Inhalten anzutrainieren, um gerade in einem stark politisierten Klima gewissenhaft zu agieren zu können.

Auch in Zukunft wird sich das Like als soziale Praktik und kulturelle Technik weiter verändern. Durch neue Funktionen, wie etwa die Möglichkeit, Likes privat zu schalten, wurde bereits begonnen, die Bedeutung und Verwendung des Like-Buttons zu relativieren und zu diversifizieren. Auf X gibt es mittlerweile – zumindest für zahlende Premium-User – die Möglichkeit, Likes zu verbergen. Auf der Plattform spricht man vom »Geraldine Rauch effect«. Vielleicht setzt sich diese stille Zustimmung, die nur der Empfänger sieht, durch. Kein öffentliches Zeichen mehr, keine transparente Geste. Ein Symbol der Aufmerksamkeit, das zurück in den privaten Raum verlagert wird. Ein leiser Protest gegen die Überkommodifizierung sozialer Interaktionen. Wäre das eine wünschenswerte Entwicklung? Wie es auch kommen mag: Von der gesellschaftlichen Verantwortung, was die Gestaltung und den Umgang mit Inhalten in den Sozialen Medien betrifft, wird uns auch ein solches »Silent Like« nicht befreien. ◆

PROTESTFLIMMERN
Zur Hypertrophie des politischen Marketing

Kai-Uwe Hellmann

Peng, »Selling Hitler: Propaganda and the Nazi Brand« – so betitelte Nicholas O'Shaughnessy 2009 eine Analyse der Diktatur von Adolf Hitler und seiner Schergen. O'Shaughnessy qualifizierte Hitler und das Dritte Reich dabei als Quasi-Perfektion politischen Marketing: Kein anderes politisches Regime – von Demokratien ganz zu schweigen – hatte es bis dahin vermocht, auf vergleichbar konsequente Art und Weise Propaganda für sich zu betreiben, und dies ungemein erfolgreich, jedenfalls für die damalige Zeit.

Entscheidend hierfür waren neben dem ›Polit-Star‹ Hitler Joseph Goebbels als Propagandaminister sowie ein ausgefuchster Marketing-Mix, der auf zahlreiche kommunitaristische Visionen setzte. Nach O'Shaughnessy betrafen dies Führerschaft und Gefolgschaft, Solidaritätsrhetorik, Utopismus, Modernismus, Normalitätsverherrlichung und Konsumismus. Ferner betrieben die Nazis eine erstaunlich elaborierte Segmentierungsstrategie, die unterschiedliche Bevölkerungsschichten bedarfsgerecht anzusprechen verstand, mit Antisemitismus als ›lingua franca‹ einer gesellschaftsweit institutionalisierten Feindbild- und Sündenbocksemantik. Aktiviert wurden sämtliche Kommunikationskanäle, viele zum ersten Mal in diesem Ausmaß, wie Filme, Radio und Fernsehen, etwa bei den Olympischen Spielen 1936. Die manipulativen Maßnahmen übertrafen alles, was damals üblich war. Besondere Großereignisse und Rituale wurden eigens kreiert und akribisch inszeniert, wie die Nürnberger Reichsparteitage, und das politische Branding der Nazis könnte fast als ›best practice‹ durchgehen. Übrigens erschien »Selling Hitler« 2016 auch als Buch, und

POP. Kultur und Kritik • Heft 25 Herbst 2024 • S. 66–70 • © transcript

2018 reichte O'Shaughnessy mit »Marketing the Third Reich« eine umfassende Gesamtanalyse nach.

Obgleich es politisches Marketing seit Menschengedenken gibt, im Grunde gilt dies schon für jede Form von Selbstvermarktung, die Charismaforschung seit Max Weber zeugt davon, Erving Goffmans Beiträge ohnehin, Murray Edelman 1964 nicht zu vergessen, setzte die Forschung dazu erst in den 1990er Jahren richtig ein, und O'Shaughnessy gehörte zweifellos zu ihren Vorreitern. Heutzutage ist politisches Marketing gang und gäbe, nicht bloß bei Wahlkämpfen, sondern Tag für Tag, auf allen Kanälen, rund um die Uhr. Ob immer ›best practice‹ dabei herauskommt, sei dahingestellt. Ständiger Ampelstreit erscheint dafür jedenfalls wenig zielführend.

In dem Aufsatz »Die Zukunft der Demokratie« kennzeichnete Niklas Luhmann Demokratie durch die Spaltung der politischen Spitze in Regierung und Opposition: Die eine Seite agiert, die andere reflektiert. Gemeinsam ist ihnen, dass sie das gesamte Repertoire des politischen Marketing für sich ausnutzen, und Talkshowbesuche – 2023 war Kevin Kühnert mit 18 Präsenzen Talkshowkönig – sind nur die Spitze des PR-Bergs. Wenngleich der Regierung ein wichtiger Vorteil zugutekommt: Sie verfügt über deutlich mehr Ressourcen. So wurde letztes Jahr diskutiert, wer mehr Geld für Politiker-Fotos ausgab, in der Pole-Position Markus Söder (180.000 Euro) vor Hendrik Wüst (173.000 Euro), und selbst das kann noch spielend übertroffen werden, so jüngst der Bund der Deutschen Steuerzahler. Ausgeglichen wird dieser Vorteil womöglich dadurch, dass sich jede Regierung zwangsläufig angreifbar macht: Wer handelt, exponiert sich, wer das nur kritisiert, macht lediglich Opposition, d.h. tut seine verdammte Pflicht.

Eine Steigerung erfährt politisches Marketing zudem, kommt es zum politischen Branding. Helmut Schneider hat hierzu mit »Marken in der Politik« schon vor zwanzig Jahren eine erste umfassende Studie vorgelegt, und auch der Autor hat mit »Alles Marke, oder was? Markenpolitik in der politischen Kommunikation« einen kleinen Beitrag geleistet. Freilich muss konstatiert werden, dass die Komplexität des politischen Marketing, allein schon wegen der schieren Zunahme an korporativen Akteuren, nicht unbeträchtlich angewachsen ist. Standen bei der ersten Bundestagswahl 1949 nur 14 Parteien zur Auswahl, waren es 2002 schon 24 und 2021 sogar 43 Alternativen. Hier kann man zwar sagen: Konkurrenz belebt das (politische) Geschäft, und je unübersichtlicher, desto größer wird der Bedarf, eine Alleinstellung durch Markenbildung zu behaupten. Was für eine Chance! Dafür ist diese Sozialtechnik ja originär erfunden worden. Doch stellt Markenbildung auch vor erhebliche Herausforderungen, siehe »Selling Hitler«, und kann leicht schiefgehen. Denn welche Partei verfügt aktuell über eine halbwegs tadellose Reputation?

Gesteigert wird diese Unübersichtlichkeit noch, wendet man sich vom Zentrum des politischen Systems seiner Peripherie zu, wie man dies bei David

Easton 1965 erstmals systematisch studieren konnte, später dann von Bernhard Peters, Jürgen Habermas, Niklas Luhmann und anderen verschiedentlich aufgegriffen. Während an der politischen Peripherie, also der Grenze zur Zivilgesellschaft, eine kaum mehr beherrschbare Komplexität an Anliegen anbrandet, findet auf dem Weg ins politische Zentrum eine rigide Auslese statt, durch die öffentliche Meinung unterstützt und gefiltert, sodass am Ende dieses negativen Selektionsprozesses politische Rationalität herauskommt, so wenigstens die Theorie.

Physisch besonders sichtbar wird diese kaum mehr beherrschbare Komplexität am und um das Brandenburger Tor herum, dem bevorzugten Ort oder Endpunkt für politische Proteste in Berlin. Nahezu täglich kommt es dort zu Protestaktionen, und selten ist klar erkennbar, worum es sich jeweils handelt, nimmt man sich nicht eigens Zeit für die Identifikation. Vertreten ist tendenziell die ganze Welt. Schaut man allein auf das Jahr 2023, fanden in Berlin 5.439 angemeldete und 579 unangemeldete Demonstrationen statt, bei Anmeldungen von mehr als 450 Veranstaltungen dieser Art pro Monat. Das bedeutet: Im Prinzip fanden jeden Tag 16,48 politische Protestveranstaltungen in Berlin statt, und da die meisten Veranstaltungen dieser Art in der zweiten Wochenhälfte durchgeführt werden, kann diese Zahl sogar auf durchschnittlich 20, mitunter bis zu 30 Demonstrationen steigen, pro Tag. Allein für die 20. Kalenderwoche 2024 heißt das zum Beispiel: Für den 17. Mai waren 24 Demonstrationen angemeldet, für den 18. Mai insgesamt 25 Protestveranstaltungen, über Pfingsten 17 für den 19. Mai, nochmals 17 für den 20. Mai und 14 für den 21. Mai – und dies waren nur die angemeldeten Veranstaltungen.

Was bewirkt diese durchaus bemerkenswerte Komplexität des politischen Marketing, vornehmlich an der Peripherie des politischen Systems? Zumal gerade Proteste Prototypen politischen Marketing sind. Zur Deutung wird auf eine ältere Verbraucherstudie Bezug genommen: Vor gut zwanzig Jahren veröffentlichte Stephan Grünewald vom Marktforschungsinstitut rheingold eine Untersuchung, die sich mit Veränderungen des Einkaufsverhaltens in Deutschland beschäftigte, plakativ als »Aldi-Boom« bezeichnet. Auftraggeber waren sieben namhafte, international tätige Konsumgüterhersteller. Der »Stern« brachte dazu im November 2002 sogar eine Titelstory heraus.

Grünewald identifizierte damals vier »Ebenen«, auf denen bis dahin bewährte Einkaufsrituale radikal erschüttert wurden: erstens ein Aufbrechen von Routinen, Vervielfältigung der Möglichkeiten, Vordringen von Abwechslungslaune und Erlebnisorientierung; zweitens die Euro-Umstellung; drittens Heimatverlust im Lebensmitteleinzelhandel, aufgrund fortlaufender Produktneueinführungen > Komplexitätssteigerung > zunehmende Unübersichtlichkeit > Aufkommen des Billigtrends; und viertens die Evolution der Handelsmarken, welche den jahrzehntelangen Erfolgsnimbus der Herstellermarken gefährdeten.

Auf der dritten Ebene identifizierte Grünewald dabei ein Phänomen, das er später »Produktflimmern« nannte: »Generell erleben die Verbraucher [...] eine ungeheure Überfrachtung im Lebensmitteleinzelhandel: Am 10 Meter langen Joghurt- oder Reiniger-Regal flimmert es ihnen vor den Augen. Sie verlieren die Orientierung und fühlen sich von der Überfülle erschlagen.« Zugrunde lagen dieser Deutung zahlreiche Kundengespräche. Später wurde dieses geflügelte Wort wiederholt aufgegriffen, etwa von der Fleischwirtschaft, die in einer Pressemitteilung 2005 verlautbaren ließ: »Wenn erst ein Produktflimmern einsetzt, geht die Kaufbereitschaft flöten.«

Was bedeutet das nun für die obige Fragestellung? Zweifelsohne hat man es auch hier mit einer Ökonomie der Aufmerksamkeit zu tun, die immer knapp ist, und je knapper, desto intensiver wird das Ringen um sie betrieben. Das scheint unausweichlich.

Übertragen auf die Wahrnehmung politischer Proteste, drängt sich leichthin der Eindruck auf, dass es angesichts dieser relativ hohen Zahl täglicher Demonstrationen, zumindest in der Hauptstadt, für eine Vielzahl von Anliegen wie Afghanistan, Anti-AFD, Anti-Bundeswehr, Anti-Nato, Aserbaidschan, Assange, Chile, Corona, Demokratie, Elektrotherapien, Europawahl, Falun-Gong, Fridays for Future, Frieden, Gaza, Gentrifizierung, Georgien, GEW, Gleichstellung und Inklusion, IDAHOBIT, Iran, Israel, Jesus Christus, Klein-Musiker, Klima, Kongo, Krimtataren, Landwirtschaft, Lehrkräfte, LGBTIQ, Männergesundheit, Menschenrechte, Palästina, Pestizide, Pro Russland, Rechtsextremismus, Russland ohne Putin, Sozialismus, Stuttgart 21, Tarifvertrag Gesundheitsschutz, Tierrechte, Tourismus, Ukraine, Veganismus, Werte, Wohnen (nur 17.-20. Mai 2024, Auswahl, abgekürzt) zu einem ›Protestflimmern‹ kommen kann, ganz im Sinne Grünewalds: ›Generell erleben die Bürger und Bürgerinnen eine ungeheure Überfrachtung politischer Ereignisse: Wenigstens in Berlin flimmert es ihnen Tag für Tag vor den Augen, sozusagen politisches Happening als Dauersendung. Sie verlieren die Orientierung und fühlen sich von der Überfülle erschlagen.‹ Am Ende nimmt das Protestflimmern so stark zu, dass jede Aufmerksamkeitsbereitschaft flöten zu gehen droht und nur noch diffuses Protestrauschen (›protest noise‹) übrigbleibt, dem keinerlei klare Information abgewonnen werden kann, außer dass es schlicht passiert und da ist. Könnte das ein realistisches Szenario sein?

Ausgangspunkt war die Erforschung des politischen Marketing und die besondere Stellung, die das Dritte Reich nach Nicholas O'Shaughnessys Einschätzung in diesem Zusammenhang einzunehmen vermag. Führt man sich vor diesem Hintergrund die vier Ebenen von Grünewald nochmals vor Augen, die er seiner Krisenanalyse vor gut zwanzig Jahren zugrunde legte: Gibt es dann nicht Anzeichen dafür, dass ein paralleler Erosions- und Gewissheitsverlustprozess auch für die politische Sphäre festzustellen ist? Also ein Aufbrechen von Routinen, Vervielfältigung der Möglichkeiten, Vordringen von Abwechslungslaune und Erlebnisorientierung, die Euro-Umstellung, Heimatverlust im Lebensmitteleinzelhandel, aufgrund fortlaufender Produktneueinführungen > Komplexitätssteigerung > zunehmende Unübersichtlichkeit > Aufkommen des Billigtrends, und schließlich die Evolution von Handelsmarken, welche den jahrzehntelangen Erfolgsnimbus der Herstellermarken gefährden? Immerhin hat die Parteibindung bei vielen Wählern und Wählerinnen merklich nachgelassen, die Problemvielfalt ist inzwischen überwältigend geworden, die Eurokrise vor rund fünfzehn Jahren half insbesondere einer neuen Partei (analog: Handelsmarke?) auf die Beine, und eine weitere um Sahra Wagenknecht befindet sich aktuell im Aufbruch, welche gleichermaßen die etablierten Parteien (analog: Herstellermarken?) mächtig unter Druck setzen und die Bildung stabiler Koalitionen zunehmend erschweren (werden).

Sollte dem so sein, könnte gefolgert werden, dass beiden Krisenphänomenen womöglich eine gemeinsame, tieferliegende Ursache vorausgeht, dass überdies auch für andere gesellschaftliche Bereiche wie Bildung, Ernährung, Freizeit, Gesundheit, Mobilität, Wohnen vergleichbare Veränderungen zu konstatieren sind, und dass in solchen Wandlungen des politischen Marketing nur etwas zum Vorschein kommt, was die Gesellschaft insgesamt umtreibt, symptomatisch als ein stärker werdendes Flimmern, Überfordert-Sein und Unsicher-Werden auf allen Ebenen gleichzeitig zu diagnostizieren. ◆

KRIEGSMITTEL UND -GRÜNDE

Thomas Hecken

Artikel über Krieg, die von einem populärkulturellen Standpunkt aus geschrieben werden, unterliegen manchen Einschränkungen. Solange der Krieg nur Gegenstand der Planspiele und der konkreteren Vorbereitung von Exekutive und parteipolitischen Führungsstäben bleibt, kann die Populärkulturforschung keinen Beitrag leisten. Spätestens seit dem Krieg zwischen Georgien und Russland 2008 war zwar der jetzige große Konflikt wenn nicht absehbar, so doch wahrscheinlich – dennoch waren die Absichten und Vorbereitungen, die Nato-»Osterweiterung« durchzuführen, nie Teil von Wahlkämpfen und groß angelegten politischen Diskussionen oder Medieneinsätzen. Die viel zitierte These Stuart Halls aus Reihen der englischen Cultural Studies, die populäre Kultur sei eine zentrale Stätte, in der sich der Kampf um Hegemonie entscheide, ist also nicht nur deshalb fragwürdig, weil sie demokratische Debatten ausschließlich als Auseinandersetzung zwischen »Subalternen« bzw. »popularen Kräften« auf der einen und dem »Machtblock« auf der anderen Seite ansieht, sondern auch oder in erster Linie, weil längst nicht alle wichtigen Entscheidungen hegemonialer Klarheit und Durchsetzung bedürfen.

Selbst während des nun schon über zwei Jahre andauernden Krieges zwischen Russland und der von der Nato finanziell und militärtechnisch stark unterstützten Ukraine kann keine Rede davon sein, dass es eine hegemonial durchgesetzte Anschauung gäbe, die weiten Teilen der deutschen Bevölkerung alternativlos – in der ›Natur der Sache liegend‹ – vorkäme. Umfragen weisen Zahlen aus, nach denen lediglich noch 60 % den fünf Parteien, die in diversen

STATEMENT B
OF STATE AN
ON RUSSIA'S AT

@ PM Canada

Koalitionen auf Bundesebene seit Jahrzehnten mit kleinen Variationen dieselbe Politik vertreten, zustimmen (Ergebnis der ›Sonntagsfrage‹ von INSA am 29.07.2024: CDU/CSU 30 %, SPD 15 %, Grüne 10 %, FDP 5 %). In weiten Teilen des Ostens fallen die Ergebnisse sogar erheblich schlechter aus, dort liegt die Zahl z.B. im großen Bundesland Sachsen Mitte 2024 lediglich bei 42 % (Landtagswahl-›Sonntagsfrage‹, INSA, 19.06.2024: CDU 30 %, SPD 5 %, Grüne 5 %, FDP 2 %; die gegenwärtigen Berliner Regierungsparteien erreichen in der Umfrage also gerade einmal 12 %). Dennoch ändert sich am deutschen Vorgehen im Krieg wenig. Die Frage der Hegemonie kann deshalb nicht im Zentrum stehen.

Mit dem Verzicht darauf, die Beteiligung am laufenden Krieg zu rechtfertigen, geht das aber keineswegs einher – auch wenn es offenbar nicht notwendig ist, für sie eine weitgehende Unterstützung oder gar unangefochtene hegemoniale Durchsetzung zu erzielen. Diese Rechtfertigung erstreckt sich über die genannte große Bundeskoalition der Parteien der selbst ernannten ›Mitte‹ und die Kommentatoren des öffentlich-rechtlichen Rundfunks und solcher Presseorgane wie »Spiegel«, »FAZ«, »taz«, »SZ«, »Zeit« etc. Als Ausweis der Liberalität kommen hier auch mitunter andere Stimmen zum Zug, die Nato-Position überwiegt aber deutlich, sodass zumindest in dieser Hinsicht von Hegemonie gesprochen werden könnte, wenn einem am Gebrauch älterer Bildungsbegriffe gelegen sein sollte.

Der andere Einsatzpunkt der Populärkulturforschung ist traditionell die Berichterstattung von der Front. Neben der von vornherein feststehenden Erkenntnis, dass nur das vermeldet wird, was den eigenen Kriegszielen nutzt (abgesehen von dem, was sich gar nicht mehr geheim halten lässt), interessieren dabei gewöhnlich jene Grundzüge der Berichterstattung, die sich neuen Technologien verdanken. In Heft 1 dieser Zeitschrift (Herbst 2012) wurde in einem Artikel zum Libyen-Einsatz hauptsächlich der US-amerikanischen, englischen und französischen Streitkräfte festgehalten: »Für die Fernsehberichterstattung wichtig war dieser Krieg, weil die Nato auf die Lieferung von Bildern verzichtete. Obwohl die technischen Möglichkeiten weit vorangeschritten sind – rasch waren in Libyen auch die tief fliegenden Drohnen im Einsatz –, wurde nicht einmal die Bilderpolitik aus dem Irakkrieg wiederholt. Die an frühen Hyperrealismus erinnernden Aufnahmen von grünlichen oder gräulichen Flächen und geraden Linien, über die sich schließlich weiße Wolkenformen schieben – verbunden mit dem Kommentar, hier sehe man gerade die erfolgreiche, punktgenaue Bombardierung eines strategisch wichtigen Gebäudes –, beherrschten nicht länger die Berichterstattung. An ihre Stelle traten aber nicht die von den heutigen militärischen Apparaten gelieferten präzisen Bilder.«

Auch heute könnte man solche Analysen fortführen. Man könnte etwa darauf hinweisen, dass die Luftaufnahmen nun wieder zumindest von ukrainischer und russischer Seite in großer Zahl zur Verfügung stehen, aber die populärste deutsche Nachrichtensendung »Tagesschau« beinahe vollständig darauf verzichtet, sie zu senden – stattdessen sind sie neben anderen Bildern von der Front in vielen Nischensendern und auf Social Media stark präsent (dazu ausführlich der Artikel von Ramón Reichert, »Im Krieg der Attraktionen« in »Pop. Kultur und Kritik«, Herbst 2023), stets begleitet von Kommentaren, die das Foto oder Video dazu nutzen, den jeweiligen Feind zu demütigen, zu entmenschlichen (dazu Niels Werber, »Russland ist Mordor«, in Heft 21 dieser Zeitschrift, Herbst 2022) und/oder mit dem Gezeigten auf welch abstruse Art auch immer eine Siegesprognose zu verbinden. Dann wäre man aber wieder bei einer Analyse angelangt, die genau bzw. allein dann eine große Bedeutung besäße, wenn man die These vom zentralen Wert der kulturellen Hegemonie teilte.

Ist man davon nicht überzeugt oder befindet sich lediglich auf der Suche nach einer weiteren Analysemöglichkeit, bietet es sich an, einfach auf die Äußerungen derjenigen Machthaber zu schauen, die in der Lage sind, über Krieg und Frieden zu entscheiden (und dies selbst dann, wenn sie nicht über hegemoniale Kraft im Sinne der Cultural Studies verfügen). Sie zollen regelmäßig zivilisatorischen Standards Rechnung, indem sie nicht nur entscheiden, was zu tun ist, sondern ihrer Bevölkerung und der Weltöffentlichkeit mitteilen, dass es sehr gute Gründe für die Kriegsbeteiligung gebe. Dies bleibt üblicherweise nicht eine einmalige Handlung, sondern wird im Laufe des Kriegs unter leichten Variationen, die aktuelle Geschehnisse aufgreifen, mannigfach wiederholt.

Eine wichtige Argumentationslinie besteht darin, die vom Feind eingesetzten Kriegsmittel zu kritisieren und den Einsatz solcher Mittel als (weiteren) Kriegsgrund auszugeben. Diese Argumente sind allerdings oftmals problematisch, weil die allermeisten Kriegsmittel (Überwachung, Geheimdienstoperationen, Desinformation, Anschläge, Militäreinsätze, die den Tod von Zivilisten nicht nur in Kauf nehmen, sondern auch bewirken, Gebrauch technologisch avancierter, brutal effektiver Waffen) ebenfalls von der eigenen Seite eingesetzt werden. Ist das allzu offenkundig, bleibt nur das Abwiegeln und Lavieren. Beispielhaft hier die Aussage des deutschen Bundespräsidenten Steinmeier in einem ZDF-Interview nach der Entscheidung der USA, Streumunition an die Ukraine zu liefern (weder die USA noch Russland, noch die Ukraine sind im Gegensatz zu Deutschland der »Convention on Cluster Munition« beigetreten):

> »[Frage ZDF] Jetzt hat gestern die USA zugestimmt, Streumunition an die Ukraine zu liefern. Die ist hier geächtet. Wahrscheinlich auch mit guten Gründen geächtet. Muss Deutschland sich dagegen sperren, oder sagen Sie, muss dieses Land das einfach nur verstehen? [Antwort Steinmeier] Was Streumunition angeht, müssen Sie verstehen: Ich bin da befangen. Ich war derjenige, der für unser Land die Ächtung der Streumunition damals in Oslo unterschrieben hat. [ZDF] Sie sagen auch: Es ist Zeit für Waffen.

[Steinmeier] Deshalb finde ich, ist die deutsche Position nach wie vor richtig, sich gegen Streumunition auszusprechen, aber sie [sic] kann in der gegenwärtigen Situation den USA nicht in den Arm fallen.« (bundespraesident.de, 09.07.2023)

In dieser Hinsicht wesentlich unproblematischer ist darum jene Angabe von Kriegsgründen, die den unbedingten Wert der eigenen Kriegshandlungen herausstellt: nationale Souveränität, Freiheit, Wiederherstellung des Völkerrechts usw. In Anbetracht solcher Werte und Ziele ist (fast) alles an Maßnahmen gerechtfertigt, dann ist »Zeit für Waffen« (fast) aller Art.

Die beiden Kriegsparteien, Russland und Ukraine, sind sich zumindest darin einig: Die Bedeutung des Kriegs ist maximal. Einig ist man sich deshalb ebenfalls darin, den jeweiligen Gegner als ›Nazi‹, also als die ultimative Bedrohung der Menschlichkeit, anzusehen.

Putin anlässlich der »military parade marking the 79th anniversary of the Victory in the Great Patriotic War of 1941-1945« am 9. Mai 2024: »Today, we are witnessing attempts to distort the truth about World War II. This truth is a sore for those who have developed a habit of basing their effectively colonial policy on duplicity and lies. They are tearing down memorials to those who really fought Nazism, erecting monuments to traitors and Hitler's accomplices and erasing the memory of the heroism and noble spirit of the liberators and the great sacrifice they made for the sake of all life on Earth. Harbouring revanchist sentiments, making a mockery of history, and seeking to justify present-day Nazi followers is part of what constitutes a common policy of Western elites to fuel regional conflicts, inter-ethnic and inter-religious strife and to contain sovereign and independent centres of global development.« (kremlin.ru, 09.05.2024)

Selenski anlässlich des »Day of Remembrance and Victory over Nazism in World War II« am 8. Mai 2024: »80 years ago, millions of Ukrainians fought to defeat Nazism forever. But today, Ukrainians are once again standing up to evil, which reemerged, returned, and wants to destroy us again. It's an army of a fiend that kills, tortures and wipes peaceful cities and villages off the face of the Earth. This evil is called Russian fascism, or RF for short. [...] And if the modern Kremlin resembles the Third Reich in everything, its end should be identical, taking place in the new Nuremberg – in the city of The Hague. And like in 1945 this can only be ensured by a united free world, the world united in Anti-Putin Coalition, the world that can stop Moscow Nazis through actions, not words, and prevent the new evil from spreading to the entire European continent and, subsequently, to the entire world, the world capable of helping Ukraine defeat Russian Nazism, helping itself, and proving its commitment to the words ›Never again!‹, so that ›Never again!‹ becomes relevant again.« (president.gov.ua, 08.05.2024)

Die wichtigsten Verbündeten der Ukraine, USA und Deutschland, greifen auf diesen Vergleich wegen des naheliegenden Vorwurfs der Relativierung nationalsozialistischer Gräueltaten nicht zurück. Bei der Betonung, wie hoch bedeutsam dieser Konflikt sei, wollen sie gleichwohl nicht zurückstehen. Der US-amerikanische Präsident Biden führte von Beginn an aus, dass »now, in the perennial struggle for democracy and freedom, Ukraine and its people are on the frontlines fighting to save their nation. And their brave resistance is part of a larger fight for an essential democratic principles that unite all free people« (whitehouse.gov, 26.03.2022). Die meisten EU-Regierungschefs hoben wiederholt hervor, dass der Krieg in der »Mitte Europas« stattfinde, was zumindest ein Blick auf die Landkarte nicht unbedingt bestätigt, jedoch als Metapher für die zentrale Bedeutung der Auseinandersetzung gelten könnte.

Trotz dieser bereits sehr weitgehenden Aussagen scheint ihnen allen aber die Gegenwart nicht zu genügen. Um ihren heutigen Einsatz zu rechtfertigen, malen sie eine noch schrecklichere Zukunft aus, z.B. der US-Präsident: »The fact is that Putin is a war criminal. He's killed thousands and thousands of people. And he has made one thing clear: He wants to re-establish what was part of the Soviet Empire. Not just a piece, he wants all of Ukraine. That's what he wants. And then do you think he'll stop there? Do you think he'll stop when he – if he takes Ukraine? What do you think happens to Poland? What do you think of Belarus? What do you think happens to those [sic] NATO countries?« (Biden, cnn.com, 28.06.2024)

Dieses Argument hat den Vorteil, nicht widerlegt werden zu können, denn die Zukunft ist fern bzw. menschlicher Einsicht entzogen, und die eigenen Bemühungen sollen ohnehin dazu beitragen, die Prognose gegenstandslos zu machen. Sogar unabhängig davon bleibt die ganze Argumentation unangreifbar: Wer nur einzelne der angeführten sehr guten Gründe teilt, dem müssen (nahezu) alle Mittel recht sein, das Gute Wirklichkeit werden zu lassen. Wer sich dagegen ausspricht, betreibt folglich den Untergang der Zivilisation in potenziell allen Ländern Europas.

Dennoch gibt es auch hier möglicherweise ein Problem. Es stellt sich dann, wenn die eigenen Handlungen nicht zur Kriegsrhetorik passen. Diesem Problem sehen sich die Nato-Staaten schon seit kurz nach Beginn des russischen Kriegs gegen die Ukraine ausgesetzt. Auf die finanzielle, logistische und technologische Unterstützung der Ukraine folgte keine durch eigene Truppen; nicht einmal wurde die Erlaubnis erteilt, mit den gelieferten Waffen und mittels der bereitgestellten Informationen Ziele weit entfernt von der russischen Grenze anzugreifen. Früh legte Biden diese Einschränkung fest: »American forces are in Europe — not in Europe to engage in conflict with Russian forces« (whitehouse.gov, 26.03.2022). Das gilt bis heute ebenso wie die Leitlinie, der Ukraine bestimmte Waffensysteme nur unter der Verpflichtung zu liefern, sie lediglich stark eingeschränkt zu gebrauchen. Bidens Antwort auf eine entsprechende

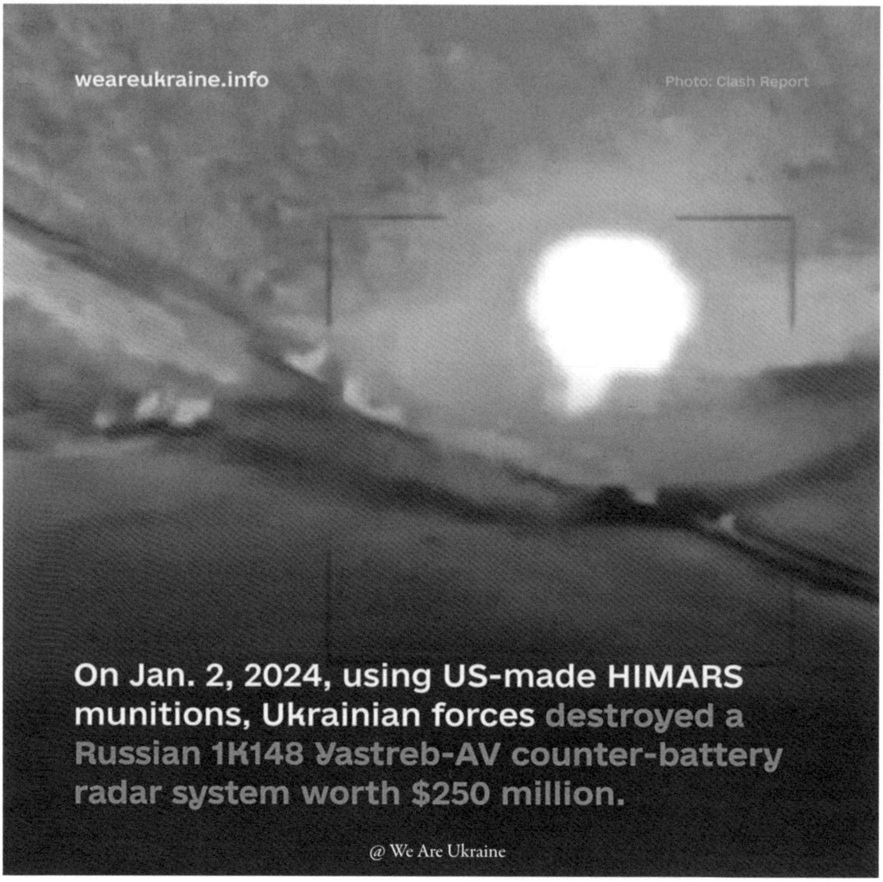

@ We Are Ukraine

Frage bei einer Pressekonferenz im Sommer 2024: »The first thing about Zelenskyy asking for the ability to strike deep into Russia: We have allowed Zelenskyy to use American weapons in the near-term, in the near-abroad into Russia. Whether or not he has — we should be — he should be attacked — for example, should Zelenskyy — he's not, but if he had the capacity to strike Moscow, strike the Kremlin, would that make sense? It wouldn't.« (whitehouse.gov, 11.07.2024)

Selenski zu diesen Einschränkungen: »That is a crazy question why we can't answer and attack these especially, these persons, these military bases from where these guided bombs from jets or missiles came«. Grundsätzlicher von ihm gefasst: »We of course, if you if we want to win, if I want to prevail, if we want to save our country, and to defend it, we need to lift all the limitations« (nato.int, 11.07.2024).

Aus den genannten (beinahe) maximal guten Gründen, den Krieg zu führen, wird bei Selenski die konsequente Position, (fast) alle Gewaltmittel zum Sieg einzusetzen. Nun ist die Nato unter Führung der USA im Unterschied zu Russland und zur Ukraine dazu aber keineswegs bereit (auch von der jetzigen Vize-Präsidentin und Präsidentschaftsanwärterin Harris liegen keine anderen

Einschätzungen vor). Das eröffnet mit Blick auf den ›Westen‹ die Möglichkeit prinzipieller Kritik, die sich in besonderer Form in vielerlei Aufforderungen, mehr und andere Waffen und Truppen einzusetzen, manifestieren kann (mit der hiesigen Pointe, dass die provinziellen Kritiker der Bundesregierung zumeist Kanzler Scholz zurechnen, was ebenfalls oder zuerst US-amerikanische Position ist, und so Deutschland oftmals fälschlich an entscheidende Stelle setzen).

Harmonischer wäre es, wenn – wie von der Ukraine und Russland vorgemacht – die Begründung besser zur Mittelauswahl passte. Wendet man sich von der Regierungsspitze ab, findet man rasch solche Angaben. Sie zu äußern ist weder geheimen Sitzungen noch niederen Ebenen vorbehalten. Wichtige Kongressabgeordnete geben sie ebenso freimütig zu Protokoll wie führende Mitglieder der Exekutive. Bündig bringt sie etwa der frühere Botschafter in Moskau und jetzige Direktor der CIA, Willam J. Burns, in »Foreign Affairs« (30.01.2024) zu Papier: »The key to success lies in preserving Western aid for Ukraine. At less than five percent of the U.S. defense budget, it is a relatively modest investment with significant geopolitical returns for the United States and notable returns for American industry.« Zwar ist nicht unumstritten, ob der »geopolitische Gewinn« für die USA tatsächlich so hoch ausfällt, wie von Burns konstatiert (in Reihen des Trump-Lagers, das sich exklusiver auf China als Feind ausrichtet, sieht man das z.B. anders), jedoch sind ›guter Grund‹ und Mitteleinsatz hier zweifellos stärker aufeinander abgestimmt, denn zum US-amerikanischen Vorteil zählt sicherlich, dass keinerlei Verluste zu beklagen sind. Den Blutzoll und die Zerstörung weiter Teile des Landes muss allein die Ukraine tragen, die zum Ausgleich zugestanden bekommt, ihre Truppen verfügten über »valor and skill« – und die vage Aussicht, deshalb siegen zu können. Gewinn und Verlust sind dadurch recht ungleich verteilt. Hegemonial ist diese Position bislang ebenfalls nicht – im Unterschied zur unbedingten Freiheits-Maxime taugt sie dafür wahrscheinlich auch viel weniger und ist in dieser Hinsicht wohl unangemessener –, aber eines Hegemons offenkundig keineswegs unwürdig. ◆

»BEST AFRICAN MUSIC PERFORMANCE« – KATEGORIALE FRAGEN

Theresa Nink

@ Recording Academy

Die südafrikanische Musikerin Tyla erhielt 2024 einen Grammy-Award für ihren Song »Water« – in der neu eingeführten Kategorie »Best African Music Performance«. Ist populäre Musik aus Afrika damit auf der US-amerikanischen Hauptbühne des Pop angekommen oder ist sie auf eine Nebenbühne verlegt, abgegrenzt als etwas ›anderes‹, zwar gewürdigt, aber nicht gleichrangig? »Why can't it all just be music?«, fragte Alan Kasujja im Podcast Africa Daily (21.02.2024) nach Einführung der neuen Kategorie. Ich kann diese Ambivalenz zwar nicht auflösen, will sie aber ausleuchten.

Der Song »Water« schaffte es 2023 in die Top Ten der US-Billboard-Hot-100-Charts. Damit ist Tyla die erste südafrikanische Musikerin seit 1968, die solo eine Chartplatzierung in den USA erreichte – darauf machte Adedayo Laketu in seinem Artikel vom 29.11.2023 auf okayafrica.com aufmerksam. Und tatsächlich, zuletzt im Jahr 1968 – also der Zeit der afroamerikanischen Bürgerrechtsbewegung, des Prager Frühling und der Studierendenproteste in Kapstadt gegen die Apartheidpolitik an der University of Cape Town – erreichte der im Exil in den USA lebende Apartheidkritiker und Trompeter Hugh Masekela Platz 1 der »Billboard«-Charts mit dem Song »Grazing in the Grass«. Wie Tyla kam Masekela aus Johannesburg. In den dortigen Townships, die er in seiner Anti-Apartheid-Hymne »Soweto Blues« 1976 würdigte, entstand in den 2010er Jahren mit Amapiano eines der Genres, das sich über den afrikanischen Kontinent hinaus auch in europäischen Ländern und den USA großer Popularität erfreut. Neben Amapiano gelingt das in den letzten Jahren besonders dem mit Nigeria assoziierten Genre Afrobeats.

Neben der Grammy-Kategorie »Best African Music Performance« sind in diesem Jahr zwei weitere Award-Kategorien eingeführt worden: »Best Alternative Jazz Album« und »Best Pop Dance Recording«. Der Unterschied ist augenfällig. Während auf der einen Seite Raffinierungen oder Hybridisierungen von Genres gewürdigt werden, steht bei »Best African Music Performance« kein Genre, sondern die Musik – ja von was eigentlich – eines Kontinents von 55 Nationen im Mittelpunkt? Handelt es sich um eine ästhetisch-musikalische, eine an Vermarktung orientierte, eine musikkritisch-wertende, eine fanbasierte Kategorie? Oder geht es gar weniger deskriptiv um eine geografische, sondern vielmehr normativ um eine stilistische Rubrik, wie die Beschreibung auf der Webseite der Recording Academy nahelegt, die hierunter »African music — from Afrobeats to kizomba to Ghanaian drill to South African hip-hop — without regard to borders« auszeichnen möchte? Welche Musik umfasst die neue Kategorie, wenn sie eine kontinentale Differenzierung zur präzisierenden Beschreibung der Musik dieser Herkunft heranzieht? Was ist »African Music« für die US-amerikanische Recording Academy, die die Grammys jährlich vergibt?

Musikalische Genre-Benennungen tragen oftmals Präfixe, die auf die Herkunft von Musikerïnnen oder einer musikalischen Tradition schließen lassen. Das ist weder ungewöhnlich noch neu: In der offiziellen Spotify-Playlist »The

Sound of Everything« findet sich je ein Song zu jedem auf Spotify gelisteten Genre, das von Aarhus Indie bis Zambian Hip-Hop reicht. Die Beschreibung einer lokalen, regionalen, nationalen, gar kontinentalen Musik basiert auf der Annahme einer mit diesen räumlichen Grenzen verbundenen ›originären‹ Musik, also einer Verbindung von Stil und geografischer – bzw. oftmals gleichgesetzt ethnischer – Herkunft. Das Problem dabei ist leicht ausgemacht: Die Vorstellung von Musik, oder allgemeiner Kultur als essentielle Eigenschaft von Angehörigen einer Ethnie, Nation oder Region knüpft an einen Kulturbegriff in der Tradition Johann Gottfried Herders an, der darin Eigenes von Fremdem abgrenzt; eine Praktik, die etwa Edward Said anhand der westlichen Konstruktion des Orientalismus aufgezeigt hat. Demgegenüber steht die Realität einer global agierenden und rezipierten Popkultur, die sich auch als transkulturell, vernetzt, hybrid, kooperierend, Bezug nehmend, samplend, remixend, von fast überall online abrufbar beschreiben lässt.

Auch wenn mit der Auszeichnung der »Best African Music Performance« sicherlich nicht deren Homogenisierung, ein Othering oder ihre Essentialisierung beabsichtigt ist, schwingt bei Begriffen, die geografische mit ästhetischen Zuschreibungen verbinden, ebenjener Verdacht mit. Das mag auch dem CEO der Recording Academy, Harvey Mason Jr., bewusst gewesen sein, wenn er das langfristige Ziel der neu geschaffenen Kategorie in einer Ankündigung am 02.08.2023 auf der Grammy-Webseite formuliert als »making sure that we represent music from that region fairly and accurately«, aber auch zugesteht, dass die Kategorie nur ein erster Schritt sein kann, um sich »deeper and in more detail within different genres of music« zu beschäftigen.

Es geht also um die Repräsentation einer recht großen »Region«. Die ugandisch-kenianische Hip-Hop-Künstlerin MC Yallah, die mit einem französischen, japanischen und kongolesischen Produzenten arbeitet, auf Luganda und den in Kenia gesprochenen Sprachen Kisuaheli und Luo rappt sowie Teil des Kollektivs und Labels Nyege Nyege aus Kampala ist, kritisiert, dass die große Diversität an Genres und Stilistiken in der Kategorie nicht abgebildet werde. Besonders Musikerïnnen aus ostafrikanischen Ländern fehlten bei Preisen wie den Grammys, wie sie im Podcast Africa Daily vom 21.02.2024 erzählt: »I believe there should be more categories, because there are a lot of genres in Africa, people know Afrobeat, Amapiano, Gqom, but there is also Electronic you know, there is Genge, there is Bongo Flava.« Auch wenn sie die Grammy-Kategorie als noch entwicklungsfähig betrachtet, sieht sie die Inklusion einer afrikanischen Kategorie trotzdem als positiv an: »It is important because the other people from other parts of the world get to know that also down here, deep in Africa, there is talent and there is this kind of music.«

Ein Blick auf die Liste zeigt: Lediglich Künstlerïnnen aus drei afrikanischen Ländern sind unter den Nominierten der Kategorie »Best African Music Performance« vertreten. Mit Nigeria (Burna Boy, Davido und Asake & Olamide),

Südafrika (Tyla) und Benin (Ayra Starr, sie lebt allerdings ebenfalls in Nigeria) stehen diese Länder stellvertretend für die global besonders populären Genres des nigerianischen Afrobeats und des südafrikanischen Amapiano. Vor diesem Hintergrund stellt Banning Eyre, Produzent des New Yorker Radiosenders Afropop Worldwide, in einem NPR-Beitrag vom 04.02.2024 die Frage danach, »what exactly is being rewarded — artistic excellence or market success?«

Tatsächlich war der Tonträgermarkt der subsaharischen Länder im Jahr 2022 laut dem Global Music Report 2023 der International Federation of the Phonographic Industry der am schnellsten wachsende weltweit. Auch jenseits der statistischen Erhebung muss man nicht lange nach Anhaltspunkten für den Erfolg von populärer Musik aus Afrika suchen: Musikerïnnen wie Wizkid, Davido, Tems, Asake, Ayra Starr, Omah Lay, Tyla oder Burna Boy spielen weltweit Konzerte in Arenen, verzeichnen rasante Anstiege auf Streamingplattformen und erreichen mit ihren Songs hohe Chartplatzierungen in afrikanischen und europäischen Ländern sowie den USA (und vielleicht darüber hinaus). Der Sommer 2022 klang zwischen Paris, Accra, London, Kapstadt, Los Angeles und Berlin auch nach »Calm Down« von Rema. Mit dem Song erreichte der nigerianische Musiker in vielen europäischen Ländern die Top Ten, während er in den US-amerikanischen Billboard Hot 100 im Remix von Selena Gomez auf Platz 3 landete.

Auch wenn dieser enorme Erfolg afrikanischer populärer Musik sicherlich ein wichtiger Grund für die Etablierung der neuen Kategorie durch die Recording Academy war, sind die Grammys dennoch kein an Verkäufen orientierter Preis, sondern basieren auf einer Abstimmung der Mitglieder der Recording Academy, also von Gatekeepern der US-amerikanischen Musikindustrie. Doch auch die Vorstellung, die Recording Academy würde einfach Preise für herausragende Künstlerïnnen bestimmter Genres oder Stilrichtungen verleihen, ist irreführend. Die Grammys spiegeln vielmehr die Geschichte der Aushandlungen über populäre Musik in den USA selbst wider – und damit auch eine von der US-amerikanischen Musikindustrie geprägte Perspektive auf nicht-westliche Musik. An Benennungen wie »Best African Music Performance« lassen sich Diskurse um die Repräsentation von nicht-westlicher Musik nachverfolgen. Werden sie als eine Praktik derjenigen Akteurïnnen betrachtet, die ebendiese Kategorisierungen vornehmen, lässt sich Repräsentation als eine Frage von Machtverhältnissen in einer zunehmend globalen Popkultur verstehen. Der Songwriter und Produzent Rico Love, der dem Black Music Collective innerhalb der Recording Academy vorsteht, sieht eine Möglichkeit, dieses Ungleichgewicht zu ändern, in einer größeren Diversität der wahlberechtigten Mitglieder. Im Interview mit Lamide Akintobi auf CNN World (03.02.2024) lädt er ein: »Artists, entrepreneurs, and everyone in the community must register as voting members. Having a category is not enough; active participation ensures the category thrives. We need people who look like us to be voting.«

Die Kategorisierung von afrikanischer populärer Musik bei den Grammy-Awards lässt sich also als eine spezifische Tradition der Einteilung von Musik betrachten, die als eine US-amerikanische situiert werden muss. Gleichzeitig sind die Grammys aber nicht einfach ein US-amerikanischer Musikpreis, sondern einer der bekanntesten Preise einer globalisierten populären Musikindustrie. Die südafrikanische Musikerin Nomcebo Zikode, die mit dem Song »Jerusalema« (mit Master KG) bekannt wurde und für den Song »Bayethe« zusammen mit Wouter Kellerman und Zakes Bantwini einen Grammy erhielt, hält im BBC Africa Podcast (09.03.2024) zur Bedeutung des Preises fest: »It gives you dignity that you are now being recognized by big awards, [...], weather you are a South African artist or in Kongo or Nigeria or in America [...] all of us want to win this award. [...] it can open other doors for you to whosoever you want to work with.«

Grammys haben Gewicht. Die Entscheidung, einen Fokus auf »African Music« zu legen, kann zwar als Ausdruck einer US-amerikanischen Perspektive auf Musiken interpretiert werden, denen damit nicht Rechnung getragen werden kann, sie richtet aber gleichzeitig trotzdem eine besondere Aufmerksamkeit auf diese Musik. Hierin besteht die Ambiguität der Kategorie. Kritische Stimmen zu der neuen Grammy-Kategorie kommen aus zwei Richtungen: Zum einen konstatieren sie, dass diverse populäre Musikgenres wie Mbalax, Chimurenga, Bongo Flava oder EthioJazz keine Berücksichtigung finden, zum anderen fragen sie, warum Musiker:innen wie Tyla, Burna Boy oder Davido nicht in den bereits existierenden Grammy-Kategorien nominiert werden können. Die Argumente spiegeln wider, was Mai-Anh Boger als Trilemma der Inklusion kartografiert, als eine nicht auflösbare Spannung zwischen verschiedenen Strategien der Inklusion über Empowerment, Normalisierung und Dekonstruktion. Bei einem Trilemma schließt die Anwesenheit zweier Strategien die dritte aus. Wenn ich die Kategorie »Best African Music Performance« als Inklusion afrikanischer Musik in den Grammy-Kosmos betrachte, so lässt sich feststellen, dass hierbei eine (geografische) Andersartigkeit (»African«) betont wird, um diese Musik zu stärken. Damit ist aber eine gleichzeitige Normalisierung ausgeschlossen, also dass Musiker:innen stattdessen in Kategorien wie Pop, R&B etc. nominiert werden.

Das Magazin Pitchfork beschreibt den Song »Water« als »contemporary take on pop-R&B«, der Tylas Gesang mit einem für Amapiano typischen Logdrum-Beat, Chorelementen sowie expliziten Lyrics verbindet. An diese Genrebeschreibung anknüpfend stellt der Musikethnologe Rick Deja in einem Vortrag im März 2024 an der University of Cape Town die Frage: »Is Popular Music in Africa ›African Popular Music‹?«. Er kritisiert den Umstand, dass Tyla gerade nicht in einer der R&B-Kategorien nominiert, sondern ihre Herkunft – anstatt ihres Sounds – zur Bewertung herangezogen werde. Wenn die Kategorie »Best African Music Performance« eine stilistische Vielfalt unter einem geografischen Fokus würdigen möchte, stellt sich die Frage, wo dann Pop, R&B, Rock oder Jazz etc. aus Kenia, Äthiopien, Malawi oder Marokko repräsentiert sein könnten, also Genres, die von einer geografischen Zuordnung mittlerweile unmarkiert sind. Auch Hugh Masekela war 1969 mit seinem »Billboard«-Nummer-1-Hit »Grazing in the Grass« für einen Grammy nominiert – in der Kategorie »Best Contemporary-Pop Performance, Instrumental«. Seitdem Miriam Makeba für ihre Zusammenarbeit mit Harry Belafonte 1965 als erste afrikanische Musikerïn einen Grammy Award für »Best Traditional Folk Recording« gewonnen hat, reihen sich hier zwar einige afrikanische Musikerïnnen und Produzentïnnen in verschiedenen Kategorien als Nominierte oder Gewinnerïnnen ein; mit Abstand am häufigsten jedoch in Kategorien, die irgendetwas mit »World Music« heißen. Es lohnt ein Rückblick auf das Konzept, unter dem auch afrikanische Musik bei den Grammys repräsentiert wurde.

Der gegen Ende der 1980er Jahre zur Vermarktung nicht-westlicher Musik in westlichen Musikmärkten eingeführte Begriff findet 1992 mit der Kategorie »Best World Music Album« Eingang in die Grammy-Awards. Wenn Don Heckman in einem Artikel in der »Los Angeles Times« (07.02.1997) das hiermit verbundene schwierige Unterfangen beschreibt »in compressing 75 % or more of the world's music into a single award category«, so lässt sich sein Einwand leicht auch auf die Kategorie »Best African Music Performance«-Kategorie übertragen. Auch wenn das Label »World Music« kein Genrebegriff wie etwa Soul oder Amapiano ist, erfüllt es in gewisser Weise ähnliche Funktionen, indem es die hierunter versammelte Musik in westlichen Plattenläden verkaufbar und in westlichen Musikzeitschriften besprechbar macht. Dabei ist die dualistische Trennung zwischen westlicher und nicht-westlicher Musik aus einer US-europäischen Perspektive dem Begriff immanent. Hieran knüpft auch die Kritik des äthiopischen Musikers und Produzenten Endeguena Mulu an, der den Begriff »World Music« in einem Artikel vom 29.09.2015 auf trueafrica.co als »offensive« und »unnecessary« bezeichnet und ausführt: »It might have been created with the best of intentions but it is not a representative and universal term. It segregates music.«

Wenn Separierung auch ein Effekt von Konzepten wie »World Music« sein mag, so ist die Motivation derjenigen Akteurïnnen, die hierunter Musik vermarkten, im Radio ankündigen, in Zeitschriften besprechen oder eben in Preisen würdigen, sicherlich eine andere. Der oft vernommenen Kritik der Vereinheitlichung einer großen Anzahl von nicht-westlichen Musiker:innen unter einem für westliche Ohren geschaffenen Begriff muss daher relativierend der Enthusiasmus vieler beteiligter Akteurïnnen für ebendiese Musik gegenübergestellt werden. Dennoch ist die Umbenennung des Grammys für »World Music«, der seit dem Jahr 2020 stattdessen das »Best Global Pop Album« auszeichnet, auch als Reaktion auf die Kritik zu verstehen, »World Music« sei »entgegen ihrem Anspruch, weltumspannend zu sein, eher ein koloniales Relikt und ein eurozentrischer Dinosaurier« wie Claus Leggewie 2017 in der Einleitung zu dem Buch »Global Pop« zusammenfasst. Der erste Gewinner der neu benannten »Global Music«-Kategorie war 2020 der nigerianische Musiker Burna Boy mit seinem Album »Twice as Tall«. Nicht eine vermeintlich existierende Differenz zwischen »westlicher« und »nicht-westlicher« Musik erzeugt die Bedeutung von Konzepten wie »World Music« oder »African Music«, sondern andersherum: die Konstruktion der Differenz erzeugt deren Bedeutung.

Kritische Stimmen zu Grammy-Kategorien gibt es nicht nur in Bezug auf die beiden genannten Kategorien. Schon lange äußern Musikerïnnen ihren Unmut an einem Verfahren der Einteilung, das durch Stereotype geprägt sei, denen ein »racial bias« zugrunde liege. Auf ihrer Webseite beschreibt die Recording Academy den Prozess, nach dem Vorschläge von Songs, Alben oder Musikvideos in entsprechende Kategorien mit dem Ziel zugeordnet werden, »to make sure that each entry is eligible and placed in its proper category.« Wer legt fest, welche die richtige Kategorie für eine Musikerïn ist? Tyler The Creater, der 2020 einen Grammy für »Best Rap Album« gewann, beklagt in einem im Anschluss an die Zeremonie geführten Interview auf dem YouTube-Kanal der Recording Academy: »It sucks that whenever we, and I mean guys that look like me, do anything that's genre-bending [...] they always put it in a rap or urban category [...] and I don't like that urban word, it's just a politically correct way to say the n-word to me, [...] why can't we just be in pop [...] half of me feels like the rap nomination was a backhanded compliment [...].«

Die Grammy-Awards sind dabei lediglich ein prominentes Beispiel eines Musikdiskurses, der bis heute auf tradierten Einteilungen beruht, deren historische Vorläufer zum Teil an rassifizierenden Prinzipien orientiert waren. Die Verbindung von Genres anhand von Identitätskriterien findet sich in den USA seit den Anfängen der Tonträgerindustrie. Beispielhaft zeigt sich das an den Kategorien der seit den 1940er Jahren regelmäßig publizierten Verkaufscharts des »Billboard«-Magazins in »Rhythm and Blues« (vor 1949 »Race Music«) für afroamerikanische Musik sowie »Country und Western« (zuvor »Old Time Music«) für das, was David Brackett in dem Artikel »Popular Music Genres: Aesthetics, Commerce and Identity« als »music for southern, Rural, White People« bezeichnet. Bis heute liegt der mit insgesamt 13 Awards am besten ausgestattete Teilbereich der Grammys bei Country & American Roots.

Die historische Dimension der Kategorisierung populärer Musik macht deutlich, dass die Art, wie diese in Magazinen, Charts oder Awards tradiert wird, kulturelle, soziale, politische Vorstellungen widerspiegelt, die über die Stilistik von Musik weit hinausgehen. Der Blick auf den heutigen Umgang mit lange etablierten Kategorien wie Country ist daher nicht nur als Auseinandersetzung mit musikalischen Konventionen zu betrachten, sondern mit Fragen von kultureller Repräsentation. Die Aushandlung um die Wirkmächtigkeit solcher Konventionen zeigte sich beispielhaft 2019, als Lil Nas X mit seiner Debütsingle »Old Town Road« bekannt wurde: Der Song hielt sich über 19 Wochen an der Spitze der US-Billboard-Hot-100-Charts und schaffte es außerdem in die »Hot Country Songs« sowie in die »Hot R&B/Hip-Hop Songs«. »Billboard« entschied daraufhin, den von Columbia Records als »country-inspired rap track« beschriebenen Song wieder aus den Country-Charts zu entfernen und erntete dafür die Kritik, dass Lil Nas X als schwarzer Musiker keinen Platz in der »Billboard«-Vorstellung von Country-Musik habe. Wenn Lil Nas X im Interview mit dem »Time«-Magazin am 05.04.2019 kommentiert: »The song is country trap. It's not one, it's not the other. It's both. It should be on both«, spricht er die gleiche Erfahrung an, wie sie Tyler Creator für seine Zuordnung zu Grammy-Kategorien beschreibt.

Was hat das mit der Grammy-Kategorie »Best African Music Performance« zu tun? Kategorien wie diese separieren etwas, das der Realität des »doing music» von populären Musiker:innen kaum entspricht. Eine Grammy-Kategorie wie diejenige für »Best African Music Performance« bildet diese heterogenen Musikpraktiken nicht ab. Es bleibt also zu beobachten, wie »African Music« zukünftig bei den Grammy-Awards vertreten sein wird. So gilt das, was Kofi Agawu 2003 über die wissenschaftliche Repräsentation afrikanischer Musik bemerkt, auch für einen westlichen Popmusik-Diskurs sowie seine Preise: »representing African music is of course a complex affair [...] there is [not] a single, proper method of representation«. Trotz aller hier dargestellten, berechtigten Kritik sollte diese nicht den Enthusiasmus über eine vibrierende, florierende, plurale und zunehmend globale afrikanische populäre Musik schmälern, denn wie die Kulturwissenschaftlerin Naomi Haruna im Gespräch mit Florian Heesch auf dem Blog des SFB 1472 »Transformationen des Populären« über Afrobeats schwärmt: »We have something that we can share with other people, Africans, the West, whoever it is. And if they enjoy it, we have a connection. There is nothing better than that.« ◆

Der Beitrag ist Teil der Forschungsarbeit des Siegener DFG-SFB 1472 »Transformationen des Populären«.

RUMMEL IN HONGKONG

Maren Lickhardt

◆

Jahrmärkte fanden, wie die Bezeichnung schon sagt, früher nur einmal im Jahr statt und stellten dadurch zeitlich begrenzte Ereignisse dar. Der Bezeichnung ist außerdem abzulesen, dass sich Jahrmärkte dem Warenvertrieb widmen. Ursprünglich hießen sie oft gemäß der auf ihnen gehandelten Güter, so entstanden Zwiebel-, Pferde- und Weinmärkte. Jahrmärkte zeichnen sich neben dem Handeln und Feilschen vor allem durch eine Entgrenzung des Lokalen aus. Nicht nur fremde Waren kamen in die Veranstaltungsorte, sondern auch auswärtige Besucher'innen, sodass Klatsch und Tratsch belebt wurden. Da sich die Kinder noch nicht mit den Erwachsenen betrinken und/oder auf dem Heiratsmarkt umschauen konnten, wurde ihnen Spaß und Spiel geboten. Es ist nicht unwichtig anzumerken, dass Jahrmärkte oft auch nach den Heiligen benannt wurden, denen die Kirche der Veranstaltungsorte geweiht war, weil sie auf den Jahrestag der Kirchweihe gelegt wurden. Man frönte also auch den örtlich angeeigneten ›globalen‹ Ikonen oder Idolen.

Man muss Jahrmärkte nicht archaisieren, um sie als wichtige kommerzielle, soziale und sinnliche Ereignisse zu betrachten. Auf dem Land ist das noch so, selbst wenn es dort Vergnügungsalternativen gibt, die nicht auf eine jährliche Frequenz reduziert sind. Jahrmärkte haben auch heute nicht wenig mit Kommerz und sogar auch mit Ikonen zu tun, allerdings haben sie auf den ersten Blick sowohl ihren Marktcharakter als auch ihre sakrale Aufladung verloren und konzentrieren sich stattdessen auf karnevalesken Spaß und Spiel. Die Erwachsenen betrinken sich immer noch zu Musik, und das aufregendste aus

POP. Kultur und Kritik • Heft 25 Herbst 2024 • S. 88–95 • © transcript

@ Maren Lickhardt

kindlicher Perspektive sind Dosenwurf- und Schießbuden sowie Fahrgeschäfte, vor allem Karussells und Autoscooter. Unter Jugendlichen bedarf es allerdings schon eines Mangels an Geschmack, einer Anbindung an lokale Peers und vielleicht einer gewissen Volkstümlichkeit, um sich schamlos auf einem Jahrmarkt zu zeigen, geschweige denn zu amüsieren. Die Band Scooter hat sich nicht umsonst nach dem Jahrmarktfeeling benannt und liefert bekanntermaßen nichts, wozu man sich gerne bekennt, wenn man cool sein will.

Nun haben sich Jahrmärkte in Form von Vergnügungsparks verstetigt. Das Vergnügen selbst wird dort neben Nahrungsmitteln für den unmittelbaren Verzehr kommodifiziert. Die sinnliche Stimulation wird zur hauptsächlichen Ware. Für beachtliche Eintrittspreise erwirbt man z.B. im Phantasialand in Brühl die Lizenz, dem Gaumen ausschließlich ungesundes, aber schmackhaftes Essen, also Fettiges und Süßes, Pommes und Zuckerwatte gönnen zu können, was man ihm sonst vielleicht eher verwehrt. Und man erwirbt die Möglichkeit, diverse Fahrgeschäfte zu nutzen, die mit Höhenkick und Geschwindigkeitsrausch aufwarten. Wie geschmackvoll das Ganze letztlich ist, wird besonders deutlich, wenn man sich vorstellt, was eine große Portion kandierter Äpfel gepaart mit einer besonders turbulenten Achterbahnfahrt anrichten können. Aber auch wenn Vergnügungsparks ganzjährige Orte darstellen, ist ihr Besuch doch ein temporäres Erlebnis, also ein Ereignis, weil wohl kaum jemand wöchentlich einen solchen Park besucht.

Die Entwicklung von Jahrmärkten zu Vergnügungsparks beinhaltet eine Verschiebung von einem popularkulturellen Ereignis zu einem Event der populärkulturellen Unterhaltungsindustrie. In diesem Sinne oder darüber hinaus widmete sich das Phantasialand lange Zeit der populären Medienkultur und bot eine Hollywood-Tour, die vermutlich deshalb abgeschafft wurde, weil sie, in die Jahre gekommen, wie sie nun mal war, keine Anschlussmöglichkeiten mehr für das junge Publikum zuließ. Die Show zeigte Szenen berühmter Hollywood-Klassiker, unter anderem aus »Der Zauberer von Oz«, »Tarzan« und »20.000 Meilen unter dem Meer«. Diese sagen zwar sicher der älteren Generation noch etwas, die die Parks schließlich auch besucht, nicht aber Kindern und Jugendlichen. Dass diese Tour nun gestrichen wurde, zeigt, wie stark auch der stärkste Reiz für die Sinne von kultursemiotischen Faktoren abhängt.

Die Parks sind insofern oberflächlich, als sie keinen Nutzen haben außer dem sinnlichen Reiz und der wirklich drastischen Auswirkung auf den Körper. Dieser Reiz kann für den Eintrittspreis einfach konsumiert werden; er wird ja als Hauptkonsumprodukt angeboten. Dabei handelt es sich um hochgradig artifizielles Erleben. Es ist geradezu konstitutiv für Vergnügungsparks, dass sie künstlich sind. Kaum jemand, der*die mit Freude auf einer Wasserrutsche durch das Hollywood-Szenario fährt, würde stattdessen oder auch eine Kanufahrt durch einen Bergfluss machen. Auch ein Stilverbund stellt sich vielleicht ein, wenn man gelten lässt, dass künstliche Fahrten fast notwendig mit ungesunden, bunten Süßigkeiten einhergehen. Und natürlich soll mit den kulturellen Versatzstücken, die die Hollywood-Tour kombiniert, kein künstlerischer Sinn erzeugt werden. Es handelt sich um eine immanente Konfiguration von allem, was gefallen könnte.

Dennoch geht es bei diesem Spiel mit den Zeichen der Populärkultur um ein Arrangement geteilter Mythen. Vergnügungsparks sind nicht nur sinnlich stimulierend und reizvoll. Die Phantasiewelt besteht nicht nur aus einer Heterotopie, die neben Essensständen im Grunde Verkehrsmittel versammelt, sondern auch daraus, dass die pop-kulturelle Phantasiewelt materialisierend gespiegelt wird. Man bewegt sich als Besucherïn auf einem Raum mit Pop-Ikonen und -Idolen, statt sie auf Leinwänden und Bildschirmen wahrzunehmen. Hier kommt der Heiligenaspekt auf eine immanentisierte Weise wieder zum Tragen. In einigen Themenparks bildet das den Markenkern. Man denke an die Universal Studios und Disneylands, in denen die Minions und Micky Mouse leibhaftig auf die Besucherïnnen warten, und man durch Szenarien wandelt, die man aus dem Kino oder vom Fernsehen kennt. Der sinnliche Overkill und Thrill wird mit sehr signifikanten Pop-Mythen kombiniert, auch wenn diese nichts signifizieren außer sich selbst und die Tatsache, dass man sie kollektiv erkennt. Außerdem funktionieren sie als Distinktionsmerkmal, denn eine Achterbahnfahrt kann man überall haben, aber es kommt bei der Frage, welchen Park man wählt, neben geografischen Faktoren noch auf die kulturelle Selbstverortung an.

Es ist durchaus nicht so, dass Hongkong es nötig hätte, einen Ort einzurichten, der sich eigens dem Rummel widmet. Versteht man unter Rummel buntes und dynamisches Treiben oder klingende und klirrende Betriebsamkeit, ist die ganze Stadt ein einziger Rummelplatz, allerdings in einem zivilisierten, geschmackvollen Sinn. Für Europäerïnnen ist es vielleicht schwer vorstellbar, wie ein Ort pulsierend, tönend, stakkatoartig und busy sowie geordnet, gediegen, unaufgeregt und lässig zugleich sein kann. Auf ihre einzigartige Weise ist die Stadt so voller Licht und Geräusch, ein derartiges Spektakel, dass es eigentlich keines Kondensats dieser Eindrücke mehr bedarf.

Aber dennoch gibt es, vorwiegend für Kinder, jüngere Jugendliche und zwangsweise auch für Eltern, einen solchen Ort auf Hongkong Island: den Central Harbourfront Event Space. Dass dieser Vergnügungspark ›Event‹ im Namen trägt, passt zu einer Stadt, die zwar an Ereignishaftigkeit nicht zu überbieten ist, die aber viel zu cool ist, um sich selbst als Event eigens für Touristïnnen zu inszenieren. Außer vielleicht, dass – vor allem amerikanische – Touristïnnen zur Buddha-Statue auf Lantau Island gelockt werden, um angesichts eines in den 1990er Jahren errichteten übergroßen Bronze-Buddhas tiefauthentische spirituelle und historische Erfahrungen zu machen. Aber zugegebenermaßen ist die Seilbahnfahrt über die Insel wirklich sehr beeindruckend. Blickt man nun von Kowloon auf Hongkong Island, um die sensationelle Skyline zu

@ Maren Lickhardt

sehen, fällt das Riesenrad des Event Spaces auf, das sich auf Island recht dominant vor die – natürlich viel größeren – Hochhäuser zwängt und sich trotz seiner relativen Kleinheit ein wenig aufdrängt.

Aus den Hochhäusern auf Island selbst kann man nun umgekehrt die vielleicht nicht ganz so spektakuläre Skyline von Kowloon sehen, die aber immerhin das International Commerce Centre (ICC) mit seinem Fassadenlichtspiel zu bieten hat, aber davor schiebt sich der Anblick einer blinkenden Leuchtfläche auf der eigenen Seite, wobei die leuchtenden Farben nach Sonnenuntergang die Umrisse der kleinen Gebäude auf der Fläche sichtbar machen, also lila-rot-pink-gelb-grün-blau glitzernde Türmchen, Stehlen, Pyramiden etc. Das ganze Areal ist in der Lage, den Blick zu ›stören‹, obwohl die einzelnen Gebäude des Event Spaces aus der Perspektive der Hochhäuser eher niedlich sind, vor allem weil sie durch das Blinken Lebenszeichen von sich zu geben scheinen.

Ich habe diesen Event Space immer als ein einziges Ärgernis betrachtet. Von der einen Seite sieht man ein Riesenrad; von der anderen eine kleine zappelnde und zuckende Neonfläche, statt jeweils die Stadt allein genießen zu können, deren Eindruck aber selbstverständlich alles andere als untergeht. Eine wohlwollendere Auffassung hat sich bei mir eingestellt, seit ich ein Hotelzimmer belegte, aus dessen Fenstern ich das General Post Office und das Jardine House sehen konnte, die beide etwas Bekanntheit dadurch erlangt haben, dass Andy Warhol sie einst fast aus dem gleichen Zimmer fotografiert hat, weil er von der Fassadenstruktur – und vielleicht auch von der dahinter stehenden Infrastruktur, von der Organisation von Kommerz und Kommunikation – beeindruckt war. Aus diesem Hotelzimmerfenster sieht man rechts vom Jardine House und dem General Post Office besagten Event Space, und nun habe ich mein Gemüt angesichts dieses Anblicks dadurch beruhigt, dass ich mich gefragt habe, »wieso denn einst die bemalten Fußböden Ausdruck einer Hochkultur waren, wenn heute die bemalten Dosen Ausdruck der Massenkultur sein sollen«, so eine Sentenz von Bazon Brock, oder aber: wieso denn die pop-artige Aufwertung von Gebrauchsobjekten zu einem Ausdruck von Stil und zu Kunst avanciert ist, wenn wir nach wie vor alltagskulturellen Neonglitzer in Plastikröhren verachten. – Und dann habe ich tapfer den Rummelplatz besucht.

Das Riesenrad steht vor dem Event Space. Um es zu nutzen, braucht man keinen Eintritt für den Platz zu zahlen, und es adressiert vermutlich eher Erwachsene, die weniger das Riesenrad selbst erleben als vielmehr durch dieses ›medialisiert‹, nämlich perspektivisch dynamisiert Hongkong auf beiden Seiten bewundern möchten. Es heißt auch ganz treffend Hong Kong Observation Wheel. Der Preis für eine Fahrt ist so gering, dass das Rad eine Demokratisierung des Mega-City-Erlebnisses bedeutet. Zwar gibt es höhere und bessere Perspektiven auf die Stadt, aber die Zimmer in den Hotels und die Drinks in den Bars mit den besten Aussichten sind auf jeden Fall teurer als eine Rad-Fahrt.

Der Event Space selbst, den man durch einen Bogen betritt, der die – implizit frühneuzeitlich bezeichnende – Aufschrift ›Carnival‹ trägt, gestaltet sich als Raum der sinnlichen Ereignisse und Erlebnisse für Kinder, macht die sinnliche Stimulation für die Kleinen zur Ware. Bewegt man sich durch den Space, bemerkt man als Erstes, wie klein die Fahrgeschäfte eigentlich sind und wie sehr das Hongkonger Areal das Konzept des postmodernen Vergnügungsparks wieder in eine klassische Kirmes transformiert, aber nicht in einem prä-, sondern einem post-post-Sinn. Die Kinder fliegen jauchzend auf einem Kettenkarussell durch die Luft; sie fahren auf diversen anderen Karussells auf Autos, Eisenbahnen und Tieren wie Quietsche-Entchen und fliegenden Elefanten, die aber nicht aussehen wie Dumbo, den die Kinder vermutlich nicht mehr kennen; sie werden auf einer großen Schaukel herumgewirbelt; sie werfen auf Kegel, angeln Stofftiere aus Behältern, springen auf einer Hüpfburg oder kindersicheren Trampolins; sie werden von ihren Eltern auf dem Schoß von Plastiktierfiguren fotografiert usw. usf. An den Sweets- and Treats-Ständen kann man Zuckerwatte kaufen, die aber kaum fluffig aussieht und im Gegensatz zu unserer scharf abgegrenzt ist und nicht ausfranst, sodass es wirkt, als würden die Kinder gigantische Riesenlollis vor sich her tragen. Außerdem gibt es eine Bühne, auf der Mädchen und Jungs Gesangseinlagen vorführen.

Der Hongkong Harbourfront Event Space verkauft definitiv alteuropäische Jahrmarktsatmosphäre. Dabei bietet der Space alle möglichen Referenzen auf die globale Popkultur. Häufig handelt es sich bei den zu erwerbenden und zu erwerfenden Kuscheltieren um Spongebob-Figuren, insbesondere Patrick Star. Eine riesige Skulptur des Schneemanns aus »Frozen«, kleinere Plastikformationen der Pinguine aus »Madagaskar« und Smileys schmücken das Panorama; natürlich dürfen in Asien auch Panda-Figuren nicht fehlen, und weil zum chinesischen Neujahr das Jahr des Drachen gefeiert wurde, waren auch diese in zahlreichen Variationen anwesend. Die Kinder haben nicht irgendeine Performance aufgeführt, sondern, wie einst im Phantasialand, die Gesangsstücke aus »The Wizard of Oz«. Ob die – vorwiegend asiatischen – Kinder den Film noch kennen, oder wie oft und in welchen medialen Variationen er mittlerweile reproduziert wurde?

Nach der Abenddämmerung wird man vom Lichtspiel aller Attraktionen geflasht, aber als Höhepunkt sei auf die Geräuschkulisse verwiesen. Wir brauchen Bass, Bass… für die vollendete sinnliche Beschallung. Die Musik sorgt sicherlich für den größten immersiven Effekt, weil der Körper einfach mitgeht und in den Rhythmus des Areals gezogen wird. Inmitten der Musik hört man neben dem Quietschen der Kinder von einer Ansagerin am Kettenkarussell animierende Rufe: »Are you reaaaadyyyy?« Und jetzt kommt's: Die Kinder fliegen zu »Cotton Eye Joe« und »YMCA« durch die Luft. Nun würde ich auf die Village People niemals etwas kommen lassen, aber man kommt nicht umhin zu bemerken, dass es akustisch ganz schön trashig zugeht, eurotrashig.

Auch die rumänische Band The Cheeky Girls hat es mit ihrem Lied und den Zeilen »Don't Be Shy (Touch My Bum)« ins Set geschafft. An den wilderen Fahrgeschäften für Jugendliche hört man zu glitzerndem, buntem Licht dann Beats und Bässe, die zwar durchaus asiatisch sind, aber auch an niederländischen Hardstyle-Variationen erinnern. Man erwartet fast, dass jemand mit Jumpstyle oder Melbourne Shuffle um die Ecke kommt.

Jahrmärkte waren im Grunde schon immer zu einem großen Teil Kinderdiscos, und das wird vom Harbourfront Event Space auf die Spitze getrieben. Der Rummel ist aus der Zeit und natürlich sowieso aus ›seiner‹ Kultur gefallen, was auch immer letzteres eigentlich bedeuten mag. Man hätte das vielleicht als Kinderanimationsprogramm bei einem Cluburlaub auf Mallorca erwartet. Für mich hat sich jetzt manch schlechte Musik mit einer sinnlich doch sehr immersiven vergnüglichen Erfahrung verbunden. Einige Fahrgeräte können auch von Eltern mitbenutzt werden, aber da ich zu Beginn nur die Karte zum Betreten des Platzes, nicht aber zum Benutzen der Geräte gekauft hatte, war es meiner Arroganz geschuldet, dass ich am Ende nicht zu »Cotton Eye Joe«, »YMCA«, »Touch My Bum« und Scooter-artiger Jumpstyle-Mucke durch die Luft sausen konnte.

Jahrmärkte waren schon immer Ereignisse und haben diesen Charakter auch in Form von Vergnügungsparks nicht verloren. Der heterotope Raum ist eine Auszeit, ein karnevalesker Heterochronos, der die globale Medienpopkultur und ihre Ikonen versammelt. Die Inszenierung des Ereignisraumes, die der Harbourfront Event Space schon durch die Grenze markiert, dass man am Eingang auf einen warmorangefarbenen Kunststoffteppich tritt, der das ganze Areal bedeckt, funktioniert für Besucher:innen als ganz eigenes Erlebnis und enthebt zeitweilig von ihrem Alltag oder ihrem sonstigen Hongkong-Besuch. Schließlich könnte man seine Kinder auf Zucker und Hardstyle vermutlich auch nicht dauerhaft ertragen. Und die letzte Frage, die bleibt, ist: Wäre Andy Warhol auch auf diesen Rummelplatz gegangen, wenn es ihn damals schon gegeben hätte? ◆

Der Beitrag ist Teil der Forschungsarbeit des Siegener DFG-SFB 1472 »Transformationen des Populären«.

BOMMEL IN HONGKONG

Maren Lickhardt

◆

Haben Schlüsselanhänger einen echten Zweck, außer dass Accessoires ihre ganz eigenen Zwecke besitzen? Ein wichtiger Zweck besteht seit einigen Jahrzehnten im demonstrativen Konsum. Mitte der 2010er Jahre erreichte der Logomania-Trend sogar Europa: Der Schlüsselanhänger zeigte, dass man Gucci, Hermès, Louis Vuitton und Prada trägt. Bei den längst etablierten und verwendeten Schlüsselanhängern konnte die praktische Funktion vielleicht erst dadurch in den Hintergrund treten, dass ebenfalls Mitte der 2010er Jahre Taschenanhänger präsenter wurden – womit nicht Adressanhänger an Koffern gemeint sind, sondern zwei-, zumeist aber dreidimensionale Figürchen und Tierchen, die nun wahrlich keinen handgreiflichen Nutzen haben.

Vermutlich hing es mit der allerorts grassierenden Niedlichkeitswelle zusammen, dass zahlreiche Designerïnnen kleine Gefährten zum Verkauf anboten: am bekanntesten sicherlich »Carlito«, der kleine Karl von Fendi, der als ikonisches Zeichen des Designers Lagerfeld eine übergroße, pechschwarze Sonnenbrille trug und zumeist schwarz-weiß gekleidet war. Fendi führte aber auch »Witches« in der Kollektion, kleine weibliche Figuren in Pelzkleidung, die explizit als Begleiterinnen für Weltreisen beworben wurden. Das Modehaus offerierte außerdem seine berühmten Vogelgesichter als trollige und drollige Anhängsel, nachdem die Fendi-Monster-Taschen mit nur sehr wenigen Linien und Elementen Gesichter trugen, die vogelartig anmuteten. Das britische Label Shrimps verkaufte den kleinen »Lenny«, ein Gesicht – oder besser gesagt: ein Gesichtchen – mit wuscheliger Löwenmähne und Schwanz. Von Burberry gab es Bärchen und von Swarovski die groteske Mathilde. Karl selbst verkleinerte seine Choupette zum zweidimensionalen Lederanhänger, und Furla beließ es, wie Fendi hin und wieder auch, bei einem bloßen kleinen Pelzball.

Manche der Accessoires sind eher originell, andere ikonisch. Aber eins eint nicht wenige von ihnen: Dafür, dass alles so süß-kuschelig, heimelig und liebevoll daherkommen sollte, mussten viele Tiere grausam und blutig ihre Haut lassen (allerdings nicht bei allen Labels: Shrimps z.B. setzt auf Faux Fur). Neben dem Aspekt der Wegbegleitung durch anthropomorphe oder zoomorphe Mini-Gestalten, indizieren die Taschenanhänger eben maximale Dekadenz. Aktuell kann man bei Fendi einen kleinen, letztlich nichtssagenden Fellpompon, also kein Gesichtchen oder Körperchen, für 550 Euro kaufen. Nun erkennt man aber ausgerechnet an diesem Pelzball das Label kaum, sodass man es sich mit einem Tiermord und relativ viel Geld leistet, noch nicht einmal als überschwänglich wohlhabend erkannt zu werden, zumindest nicht an dem Accessoire allein, das als solches eigentlich den maximalen Überfluss indizieren sollte. Aber in Deutschland machen wir das mit der Zurschaustellung ja ohnehin zwar nicht nicht, aber lieber subtil. Mir ist der Anhänger-Modetrend, der Mitte der 2010er Jahre durchaus in Modemagazinen vorgestellt wurde, in all den Jahren auf deutschen Straßen eigentlich nicht weiter aufgefallen. Selbst wenn in Burberry-Läden die Bärchen aus Stoff oder Gold nicht selten an den Taschen hängen, verlassen die Käuferïnnen das Geschäft in aller Regel mit der Tasche allein.

In Hongkong hingegen – ein klein wenig auch in Taipeh und eher nicht in Singapur – stößt man permanent auf die günstigen Varianten dieser Taschenanhänger. Dabei wird ganz offenkundig nicht versucht, das Tragen von Labels zu imitieren oder vorzutäuschen. Vielleicht wurde das Prinzip des Anhängens gar nicht aus der Designermode adaptiert, sondern stellt einen selbstständigen Trend dar, der an die Kinderwelt angelehnt ist, was freilich, egal auf welchem Wege, bei Designermode ebenso der Fall ist. Jedenfalls sieht man in Hongkong sehr häufig alle Arten von Bommeln an Taschen, selten auch am Gürtel oder der Jackentasche, und zwar in ganz offensichtlich günstigen Varianten. Manchmal sind die gar nicht immer sehr kleinen Bommel gar nicht so hübsch, originell oder süß, weshalb man zu dem Schluss kommen kann, sie müssten einen Erinnerungswert besitzen. Dass sie nicht oft ausgetauscht werden, sieht man an ihrem oftmals abgetragenen Zustand. Und so bommeln an jungen Erwachsenen z.B. ein grüner Dinosaurier, ein graues Nashorn, ein naturfarbener Igel, ein beige-brauner Hund, ein orangenes Schwein, ein schwarzer und ein blauer Affe sowie ein gelbes und ein rosafarbenes Bärchen aus Stoff, ein rosa-weißes Hörnchen aus Plüsch, eine undefinierbare tierische Gestalt aus einer Strick-Plüschkombination in Braun, ein rosa Hase in lilafarbenen Kleidern, ein weißer Bär in schwarzem Outfit, ein rosa Plastikbär und eine zweidimensionale rosa Stoffkatze, außerdem ein kleiner Basketball aus Kunststoff. Das größte dieser Accessoires ist ca. 20 cm lang.

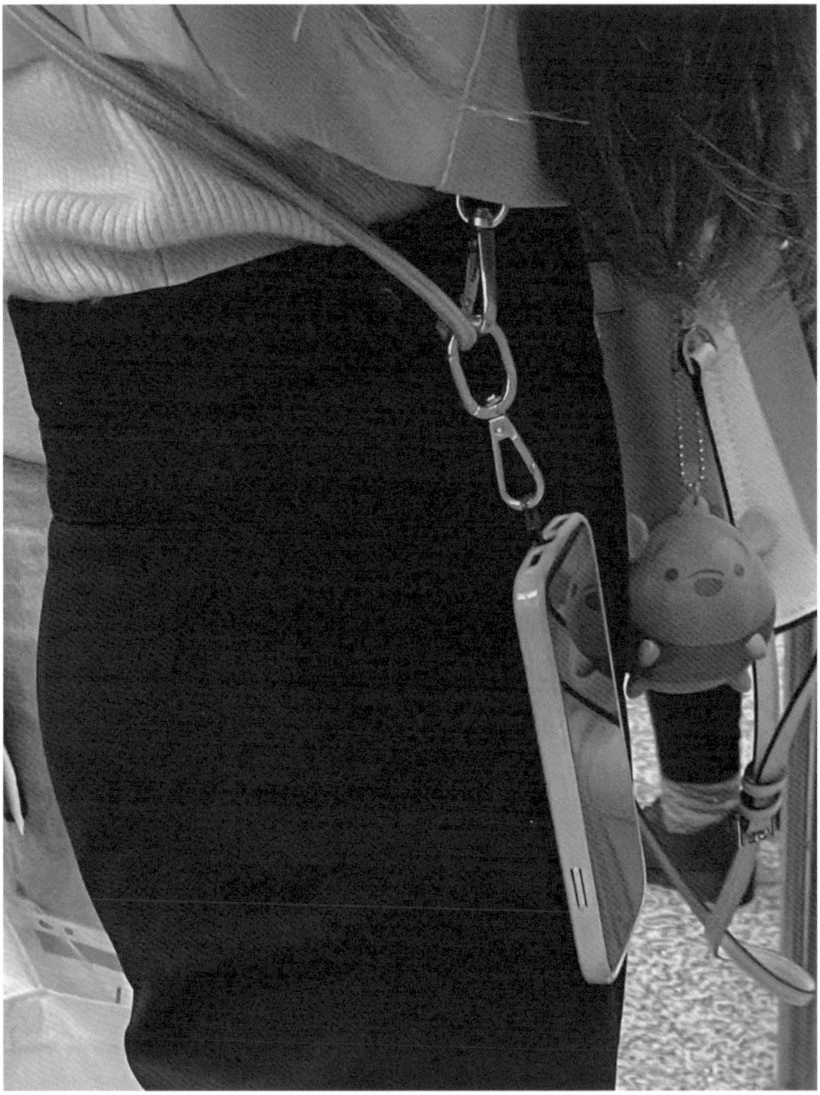

@ Maren Lickhardt

Die Aufzählung umfasst bei weitem nicht alles, was zu sehen war, sondern das, was in den kurzen Augenblicken im Vorbeigehen zum (theoretischen) Beweis fotografiert werden konnte. Manchmal ist es gar nicht so leicht, das Tier zuzuordnen. Bei dem Nashorn und dem Schwein ist nicht ganz klar, ob es sich um ein Nashorn und ein Schwein handelt, was zeigt, dass es im Verniedlichungs- und Verplüschungsprozess nicht so sehr um echte Tiere geht. Vielmehr greifen die Bommel die Transformationsprozesse auf, die wir aus dem Zeichentrick kennen, und adressieren weniger das Tierreich als das Reich der Fantasie. Natürlich gibt es auch juwelenartige anhängbare Accessoires, ob nun echt oder nicht, teuer oder günstig. Auffällig sind außerdem etikettenartige Anhänger, die einfach als Selbstzweck am Griff der Taschen angebracht sind, weil sie zumindest erkennbar nichts etikettieren, außer sich selbst an einer Tasche. Dies findet sich auch in der Designermode: in diesem Jahr an Taschen von Off White, um nur ein Beispiel zu nennen.

Abgesehen von den Etiketten und der Demonstration des Hobbys (etwa durch einen Mini-Basketball) geht es offenbar um den Kuschelfaktor. Man bewegt sich nie allein im anonymen öffentlichen Raum, solange ein beseelbares Begleiterwesen an der Tasche baumelt. Kindlichkeit kommt auch dadurch zum Ausdruck, dass junge Erwachsene ihr Jungsein ausstellen, denn ab einem gewissen Alter – grob geschätzt vielleicht ab 25 Jahren – finden sich als Bommel überwiegend juwelenartige Klunker an den Taschen der Trägerïnnen (das Wort kann deshalb gegendert werden, weil manches Bärchen auch an einem Mann hing). Bommel und Klunker bilden vielleicht sogar Gegensätze. Mit den Bommeln unterstreichen die Trägerïnnen einen jungen, modernen, (pseudo)individuellen Lifestyle mit einem ganz leichten schneeflockigen Emo-Anstrich, während Klunker den Status unterstreichen und zeigen, dass man es entweder durch Heirat oder Arbeit geschafft hat.

Das ist aber längst nicht alles. Auch Handys hängen bisweilen an kleinen Haken außen an der Tasche. Es finden sich dort ebenso die bei uns in der Pandemie bekannt gewordenen kleinen Plastikfläschchen mit Desinfektionsmitteln. Außerdem ist nicht selten an Schnüren und Schnallen in Hongkong die Octopus Card und in Taipeh die EasyCard zum praktischen Benutzen in der U-Bahn außen befestigt. Alle drei Anhängsel-Arten erachte ich als Zeichen einer Zivilisiertheit, die uns in Europa fehlt. Man scheint keine geschickten Diebe zu fürchten oder fürchten zu müssen, sonst würde man die Handys nicht an sich herumhängen lassen; man achtet prinzipiell ernsthaft und nicht nur pandemiebedingt und gezwungenermaßen auf Hygiene; man hat aufladbare Dauerkarten zum Benutzen der U-Bahn, die pro Fahrt abgerechnet werden und die man am Ein- und Ausgang blitzschnell über Geräte ziehen kann. Wie beneidenswert.

Bei den Bommeln kommen noch kleine Halterungen für die üblichen Apple-Kopfhörer-Döschen hinzu, die man auf diese Weise ebenfalls außen an der Tasche tragen kann. Es hängen bisweilen auch kleine Taschen an den Umhängetaschen, was ich raffiniert finde, weil man durch diesen Outsourcing-Prozess sicher alles viel leichter findet. Das Außenprinzip der Taschen wird vollendet, indem die Getränkeflaschen und Brillen-Etuis (wie allerdings bei uns auch) entweder in die Außenlaschen von Rucksäcken gesteckt oder auch irgendwie angehängt werden. Ich warte auf die Taschen oder Rucksäcke, die nur noch aus einem Stück Stoff bestehen, an dem Haken, Schnüre und Halterungen zur Außenbefestigung von Gegenständen angebracht sind, die überhaupt kein Inneres mehr haben und nicht mehr auf und zu gemacht werden müssen. Diese stellten gewissermaßen die Inside-Out-Rolls unter den Taschen dar.

Die behangenen Taschen scheinen praktisch zu sein, ohne dass die Tierchen eine Funktion hätten. Sie erwecken aber einen unruhigen Eindruck. Man kann durchaus mit einem versifften Plüschaffen ein Outfit ruinieren. Da die Tiere notgedrungen eine eigene Farbe haben und auch Nicht-Farben wie Beige eine Farbe sind, liegt ein weiteres Teil vor, das abgestimmt werden will, und wenn man das nicht tut, dann wird es ... bunt. Das steigert aber nur den ohnehin dominierenden Eindruck im Hongkonger Straßenbild. Natürlich gibt es sehr viele Menschen, die gediegene Business-Kleidung tragen, und außerdem nicht selten diesen Chanel-Look, der ruhig-elegant wirkt. Aber in Hongkong tragen nicht nur Omas einen ausgeprägten Farb- und Mustermix. Nein, zusätzlich dazu, dass Kleidung oft blumig, kariert, mit Logo versehen oder anderweitig schwarz-weiß oder bunt gemustert ist, finden sich durchaus blumig bedruckte Schuhe, und nicht selten trägt man im Alltag im Einkaufszentrum zwei Taschen: die gute, die entweder logomanisch oder stilvoll gemustert ist, und das Äquivalent zu unserer Jutetasche, einen Stoffbeutel, der nicht selten blumig gestaltet ist. Da es der Blumen und ihrer Stilisierungsvarianten unendliche gibt und man nicht nur Farben, sondern auch Farbstile mixen kann, also pastellig, knallig, hell oder dunkel, konturlastig oder verschwommen, kommt an einer einzigen Person ein ganz schönes Durcheinander zustande, allein wenn sie Schuhe, Jacke, Schirm, Kopfbedeckung und zwei Taschen trägt.

Auch in vielen Läden sieht es 2024 recht unruhig aus: Muster-, Blumen- und Farbmixe aller Art sind sehr beliebt. Zudem gibt es in Hongkong nicht die europäische Zurückhaltung, was das Zeigen von Labeln betrifft. Im Straßenbild sieht man eine recht abgetragene Jeans bedeckt mit Louis-Vuitton-Insignien oder Jogginganzüge im Gucci-Muster. Die Läden bieten neben den Muster-, Blumen- und Farbmixen entsprechend ihre logomanischen Teile aus den Kollektionen zum Verkauf. Einige Schaufenster sehen deshalb aus wie die von Second-Hand-Läden, in denen alles einfach zusammengewürfelt wird, aber das betrifft natürlich nicht Highlights wie Balmain, sondern eher Michael Kors, dessen Taschen es übrigens sehr nötig hätten, aufgepeppt zu werden, oder MSGM, auf die ich aber trotzdem nichts kommen lasse, weil das Label schon früh großartige Kunstpelzmäntel angeboten hat.

Die bunten, gemusterten, mit Katzen, Bären und besagten Blumen bedruckten Stofftaschen findet man keineswegs nur an Straßenecken und in Billigläden, sondern auch im poppigen MoMA Design Store im nobleren Einkaufszentrum K11 MUSEA, das sich selbst als »Silicon Valley of Culture« bezeichnet. Es ist also keineswegs Ausdruck maximaler Achtlosigkeit, wenn man recht bunt und ›nervös‹ daherkommt. Nun ist das nicht das, was die Leute tragen, wenn sie sich schick machen wollen, dennoch handelt es sich bei den Träger:innen nicht um modisch verunglückte Personen. Was in Deutschland die normale, durchschnittliche The North Face-Funktionsjacke in gedeckter Farbe mit Jeans und Turnschuhen ist, kommt in Hongkong bunter und unruhiger daher. Schließlich fahren auch die Rolltreppen schneller und hat die Stadt so viele visuelle und akustische Reize zu bieten, dass man als Mensch vielleicht ein bisschen untergehen würde, wenn man es nicht geblümt anginge. ◆

Der Beitrag ist Teil der Forschungsarbeit des Siegener DFG-SFB 1472 »Transformationen des Populären«.

DIE GLÄSERNE DECKE DER DRAG KINGS

Nadja von Bossel

◆

Als Drag King Tenderoni 2021 als erster King jemals die US-amerikanische Wahl zur Drag Queen Of The Year gewinnt, gibt sich der Performer gegenüber der »New York Times« bescheiden: »Drag ist ein Buffet. Ich muss nicht der Hauptgang sein – ich will einfach nur dabei sein«. Tenderoni steht seit Jahren als Mann verkleidete Frau auf diversen Bühnen der queeren Szene Nordamerikas und lip-synct in strassbesetzten Hosen und mit akkurat gezeichneten Kotletten zu 1990er-Jahre-Hip-Hop. Der Drag King wurde u.a. in der brasilianischen »Vogue« gefeatured, dennoch ist er selbst für passionierte Drag-Fans ein noch unbekannter Name. Zwar versuchen die Kings schon lange einen Platz am Buffet der queendominierten Drag-Szene zu ergattern, doch die Kunstform bleibt seit ihrem Aufkommen Mitte der 1990er Jahre vom Mainstream unbemerkt.

Dank TV-Shows wie »RuPaul's Drag Race« haben es Drag Queens hingegen von den kleinen Bühnen der Lesben- und Schwulenbars auf die Centerstage der Medienlandschaft geschafft. Seit 2009 treten in der Reality-Castingshow verschiedene Kandidat*innen gegeneinander an und kämpfen um den Titel »America's Next Drag Superstar«. Dafür werden sie von Juror*innen aus der queeren Szene und prominenten Gastjuror*innen für ihre Performance auf der Bühne und in verschiedenen Challenges bewertet. Mindestens die Hälfte jeder Folge spielt sich hinter den Kulissen ab. Hier beobachten Zuschauer*innen, wie die Queens ihre Kleider nähen und verzieren, Perücken stylen, ihre Wimpern aufkleben, ihre Gesichter konturieren, Hüftpolster umschnallen und Songtexte

POP. Kultur und Kritik • Heft 25 Herbst 2024 • S. 102–107 • © transcript

für ihre Lippensynchronisationen üben. Queening bzw. performative Weiblichkeit wird hier als etwas Herstellbares, als Leistung, die Training und Vorbereitung erfordert, exponiert. Spätestens seit Heidi Klum 2018 ›ihre Mädchen‹ von Drag Legenden aus dem RuPaul-Universum coachen ließ, ist Ballroom- und Drag-Kultur auch im deutschen Mainstream angekommen. Die Drag Queens Jaidynn Fierce, Laganja Estranja oder Ferrah Moan zeigten den Kandidatinnen der 13. Staffel, wie sie mit Make-up und der richtigen Attitüde ihre innere Queen auf den Catwalk bringen können, um die Jury von sich zu überzeugen.

Dass nicht nur Männer zu Drag Queens werden können, ist keineswegs eine Idee, auf die Klum gekommen ist. Sogenannte ›Bio-Queens‹ oder ›Faux-Queens‹ gehören schon lange zum vielseitigen Repertoire der von homosexuellen Cis-Männern dominierten Drag-Kultur. Dabei geht es bei all diesen Varianten des Drag – egal ob Queen-, King-, Bio-Queen- oder Genderfuck-Künstlerïnnen – um die Reflexion von Geschlechterverhältnissen in Form von theatralischen Showeinlagen. Schon Anfang der 1990er Jahre wusste Judith Butler um das subversive Potenzial, das Drag innehält. Vor mehr als 25 Jahren plädierte die Philosophin in ihrem einflussreichen Werk »Gender Trouble« für die Abschaffung der binären Einordnung von Geschlecht (gender), das vom biologischen Geschlecht (sex) unabhängig ist und erst durch wiederholte Handlungen und Verhaltensweisen konstruiert wird. Nach Butler verlieren traditionelle Geschlechtervorstellungen durch Drag ihren Anspruch auf Natürlichkeit, da hier der performative Charakter von Weiblichkeit als Parodie sichtbar gemacht wird. Doch wie subversiv ist eine Praxis wirklich, in der stereotype Vorstellungen von Weiblichkeit reproduziert werden? Und welche Botschaft wird in Formaten wie »Germany's Next Topmodel« vermittelt, wenn Frauen von homosexuellen Cis-Männern darüber unterrichtet werden, wie sie ihre Weiblichkeit am besten zur Schau stellen?

In dem Spin-off »DragU« geht es ausschließlich um Frauen, die in ihrer Weiblichkeit vermeintlich versagt haben und nun von Drag Queens aus dem RuPaul-Universum dabei unterstützt werden, diese wiederzufinden. In der ersten Episode aus dem Jahr 2010 erklärt Moderator RuPaul: »You lady-boys need to show these boy-ladies how it's done«. Alles, was im Leben der vorgestellten Teilnehmerinnen schiefgeht, wird auf den Mangel ihrer Weiblichkeit zurückgeführt und mit einem Makeover scheinbar beseitigt. Niall Brennan und David Gudelunas erklären in dem 2017 erschienenen Buch »RuPaul's Drag Race and the Shifting Visibility of Drag Culture«: »DragU's purpose is to correct the wayward, commonly heteronormative, female body and hyper-feminize it so that the contestants can be sexy once more«.

Nicht nur im Spin-off, sondern auch im Original lassen sich misogyne und sexistische Tendenzen erkennen. Beispielsweise wird der Begriff »fishy« in der Show dann verwendet, wenn ein Kandidat so überzeugend weiblich ist, dass er als ›echte‹ Frau durchgeht, und beinhaltet ohne Zweifel eine Abwertung gegenüber dem Geruch weiblicher Genitalien. In der queeren Szene und in der Wissenschaft finden sich zahlreiche Kritiken zu den transphoben, rassistischen und fettfeindlichen Tendenzen, die sich seit Beginn der Show abzeichnen. In »Drag, Interperformance, and the Trouble with Queerness« schreibt Geschlechterforscherin Katie Horowitz: »By excluding trans women and queers who are too black, too Latin, or too rough around the edges, all while promoting drag queens' role in the fight for equality, the show centers white and light-skinned, upwardly mobile, cis gay men as the LGBT community's main change agents«. Horowitz kritisiert zudem die verbreitete Annahme, dass queere Bedürfnisse oftmals mit den Bedürfnissen von schwulen Männern gleichgesetzt werden und somit die expliziten Anliegen von transsexuellen Personen oder lesbischen Frauen übersehen werden. Queere Kultur wird eben nicht ausschließlich von schwuler Identität geprägt, genauso wenig, wie Drag-Kunst nur von Drag Queens praktiziert wird. Wer Auftritte von Drag Kings wie Tenderoni miterlebt, weiß, dass die Performance von Männlichkeit mit dem Glanz und der Theatralik von Drag-Queen-Shows mithalten kann. In Zeiten, in denen toxische Männlichkeit in den Sozialen Medien und darüber hinaus breit diskutiert wird, sollten Drag-King-Shows eigentlich boomen.

Doch die Kings stehen in der Vorbereitung und Ausführung ihrer subversiven Showeinlagen vor weitaus anderen Herausforderungen als Drag Queens.

Denn wie bei »RuPaul's Drag Race« oder »Germany's Next Topmodel« sichtbar wird, kann Weiblichkeit durch Schönheitspraktiken und Theatralik einfach hergestellt werden, während sich Männlichkeit scheinbar jeglicher Darstellbarkeit entzieht. Steffen Kitty Hermann schreibt in »Drag Kings. Mit Bartkleber gegen das Patriarchat« (einem der wenigen deutschen Werke, das sich mit dem Phänomen Male Drag beschäftigt): »Der provozierende Charakter des Kinging ist eng mit dem Echtheitsstatus verbunden, der traditionell mit Männlichkeit und Weiblichkeit assoziiert wird. Während Weiblichkeit immer schon als künstlich gilt, wird Männlichkeit als natürlich verstanden«.

Das asymmetrische Verhältnis von angenommener Natürlichkeit in der Geschlechterordnung zeigt sich bereits im Kindesalter. Während burschikoses Auftreten von Mädchen von der Außenwelt oft als natürlicher Wunsch nach Freiheit und Mobilität gelesen und somit unterstützt wird, gelten feminine Züge bei Jungen schnell als pathologisch und lösen Unbehagen bei ihren Mitmenschen aus. Jack Halberstam stellt in »Female Masculinity« fest: Tomboys dürfen ihre fluide Geschlechtlichkeit ausleben, solange sie noch eine stabile weibliche Identität innehaben und sie keine Zeichen der vollständigen Identifikation mit dem männlichen Geschlecht, wie zum Beispiel das Annehmen eines Jungennamens, zeigen. Das jungenhafte Auftreten gilt bis zum Teenageralter als harmlos, bis von den burschikosen Mädchen erwartet wird, zur Frau zu reifen. Adoleszenz bedeutet für die meisten weiblich gelesenen Person eine Lektion in Zurückhaltung und Unterdrückung, während es für junge Männer wiederum eine Art Übergangsritus mit einhergehender, gesteigerter sozialer Macht bedeutet. Über die Kindheit hinaus wird weibliche Maskulinität in heteronormativen Kulturen als Versuch interpretiert, dieselbe Macht wie das ›stärkere Geschlecht‹ zu erlangen. Dabei reicht die Geschichte von weiblicher Maskulinität bis ins 16. Jahrhundert zurück. Auf Theaterbühnen war es lange Konsens, dass Männer Frauenrollen spielten und umgekehrt. Doch auch hier erkennt Halberstam die Asymmetrie von geschlechtlicher Rollenumkehrung: »Because boys played women on the Shakespearean stage and women played boys on the nineteenth-century stage, some kind of role reversal symmetry seems to be in effect. [...] If boys can play girls and women, but women can play only boys, mature masculinity once again remains an authentic property of adult male bodies while all other gender roles are available for interpretation«. Dass Männlichkeit nicht einzig und allein an männliche Körper gebunden ist, bewiesen einige wenige erfolgreiche weiblichen Hosenrollen. Berühmtestes Beispiel dafür ist die Engländerin Annie Hindle, die im späten 19. Jahrhundert auf zahlreichen Varieté-Bühnen Nordamerikas den Mann gab. Mit dem 1933 in Kraft getretenen »Hollywood Motion Picture Production Code«, der sogenannte ›sexuelle Perversion‹ verbot, starb die Rollenumkehrung als gängige Theater- und Filmpraxis im Mainstream aus.

Erst ab den 1980er Jahren findet weibliche Maskulinität wieder teilweise im Mainstream statt. So trat Schauspielerin und Feministin Lily Tomlin als Tommy Velour in Talkshows und Award-Verleihungen auf. Bei einem ihrer Auftritte singt Tomlin in rüschenbesetzter Bluse und mit angeklebtem Oberlippenbart »When A Man Loves A Woman« anlässlich Liz Taylors Geburtstag, die während der Performance begeistert im Publikum sitzt und sich von Tomlin alias Velour bezirzen lässt. Velour greift sich Michael-Jackson-artig in den Schritt, knöpft das Hemd auf, um ihr aufgeklebtes Brusthaar zu entblößen und gibt sich als machohafter Showman. Tomlins Interpretation von weiblicher Maskulinität bedient sich dabei einer beliebten Strategie von Drag Kings: der Zurschaustellung eines stereotypen Machos. Als beliebteste Vorlage dient hierbei häufig der selbsternannte King persönlich – Elvis. Seit dem Aufkommen von Male Drag als queere Praxis im New York der 1990er Jahre sind Imitationen des King of Rock immer wieder auf Drag-Bühnen zu finden. In einer der Geburtsstätten des Male Drag, dem New Yorker Club Casanova, fanden regelmäßig »Elvis Nights« statt, in denen ausschließlich Parodien der Musiklegende aufgeführt wurden. Halberstam bezeichnet diese Version von Drag Kinging als »camp«. Es ist die Imitation einer Imitation, denn die Drag Kings spielen Elvis, der in seinen späten Jahren selbst wie eine Imitation seines früheren Ichs wirkte. In »Notes on ›Camp‹« beschreibt Susan Sontag Drag als einen Weg, um die Welt in Anführungszeichen zu setzen. Es geht also nicht nur darum, eine Rolle zu spielen, sondern das Spielen dieser Rolle zu spielen, indem diese überspitzt dargestellt und ironische Distanz zur Vorlage hergestellt wird.

Dabei verläuft das In-Anführungszeichen-Setzen von Gender beim Queening und Kinging in entgegengesetzte Richtungen. Halberstam bemerkt in ihren Studien zu Drag-Performances im besagten Club Casanova: »Whereas the drag queen expands and becomes flamboyant, the drag king constrains and becomes quietly macho. If the drag queen gesticulates, the drag king learns to convey volumes in a shrug or a raised eyebrow«. Auch die Transformation in eine bühnenbereite Drag-Persona unterscheidet sich bei den Kings maßgeblich von der in »RuPaul's Drag Race« exponierten Herstellbarkeit von Weiblichkeit. Zwar können Drag Kings von Körpertechniken wie dem Aufkleben von Gesichtsbehaarung genauso Gebrauch machen wie die Queens, doch die Veränderung beinhaltet laut Halberstam weniger Dramatik. Zu einer der häufigsten Kategorien im Male Drag gehört die sogenannte »Butch Realness«, bei der lesbische Frauen, die ohnehin ein androgynes Auftreten aufweisen, ihre Maskulinität so überzeugend auf der Bühne performen, dass sie als Mann durchgehen. Der ästhetische Vorher-Nachher-Effekt ist bei diesen Drag-Künstlerïnnen viel geringer als bei homosexuellen Cis-Männern, die zu schillernden Frauen auf dramatisch hohen High Heels werden.

Genau hier liegt laut Halberstam die Antwort auf die eingangs gestellte Frage. Zuschauerïnnen von Shows wie »RuPaul's Drag Race« erwarten ein drastisches Makeover, dessen Prozess sie in jeder Folge beobachten können. Fällt dieser Prozess weg oder fällt er weniger aufregend aus, sinkt der Vermarktungswert der Drag-Künstlerïnnen und somit auch der Show. Obwohl »RuPaul's Drag Race« einiges für die Sichtbarkeit von Drag im Mainstream getan hat und durch die Teilnehmenden Anliegen der schwulen Community erstmals für ein breites Publikum sichtbar wurden, geht es bei der Show in erster Linie um Profit. Wie erfolgreich eine Queen während der Show ist, ist abhängig von ihrem Talent, sich selbst und Konsumprodukte zu verkaufen. In verschiedenen Challenges müssen die Teilnehmenden beinahe alles – von Wodka über Parfüm bis hin zu RuPauls Musikalben – in einstudierten Vorträgen verkaufen. Katie Horowitz macht deutlich, dass Drag hier eher als »sales platform« statt wie in seinen Ursprüngen als Überlebensstrategie genutzt wird und »nonmarket values« wie Solidarität durch Rivalität ersetzt werden. Die scheinbar undramatische Veränderung von Drag Kings hinter der Bühne im Gegensatz zu ihrer Persona auf der Bühne passt offenbar nicht zu dem vom Mainstream erwünschten Regenbogenkapitalismus.

Doch seit dem Erscheinen von Halberstams Leitwerk in den späten 1990er Jahren hat sich Drag Kinging über Kategorien wie ›Butch Realness‹ weiterentwickelt. Jüngstes Beispiel hierfür ist Performer Tenderoni, wenn er machohafte Gesten und glitzernde Strasssteine in einem heterogenen Bild von Männlichkeit zusammenbringt. Sogenannte ›Fag Drags‹, also Drag Kings, die sich an der Ästhetik und dem Gestus von homosexueller Männlichkeit bedienen, sind für viele Kings eine beliebte Strategie, um Männlichkeit zu performen. Diese

Art von Männlichkeit erscheint jedoch konstruierter als heterosexuelle Maskulinität und bietet genau deshalb Raum für Theatralik. Ebenso wird sich an Arbeiterklassen-Ästhetik oder Schwarzer Maskulinität, wie dem Stereotyp des Rappers, bedient, um Männlichkeit performbar zu machen. All diese Männlichkeitsbilder unterscheiden sich vom dominanten Männlichkeitstypus des weißen heterosexuellen Mannes und sind nicht immer unproblematisch. Die Aneignung von »machohaften Latin-Lovers oder muskulösen, proletarischen Bauarbeitern« geschieht laut Andrea Rick meist aus einer dominanten, weißen Position heraus und ist deshalb nicht durchweg begrüßenswert. In »Drag Kings. Mit Bartkleber gegen das Patriarchat« erinnert sie: »Bei einem Rückgriff ist das Wie entscheidend, das heißt, ob die Stereotypen in der Reinszenierung wirksam gebrochen oder nur dazu genutzt werden, um unter dem Deckmantel der Ironie zu wiederholen und damit letztlich bloß zu bestätigen«.

Die Inszenierung dieser Männlichkeitsbilder geschieht in den meisten Fällen als Hommage statt als ironische Parodie. Laut Horowitz liegt die Unsichtbarkeit von Drag Kings an ebenjenem Rückgriff auf nicht-dominante Männlichkeitsbilder: »[...] kinging's generic affinity for the working classes, queerness, and masculinities of color render is unfit for mass consumption. In simplest terms, kings have been excluded from the mainstreaming of drag because what makes queening marketable is the erasure of the very social structures that kinging insistently surfaces«. Der Erfolg von Shows wie »RuPaul's Drag Race« ist vor allem an die Zugänglichkeit zum heteronormativen Publikum gekoppelt. Dieses Publikum wird ungern an seine Privilegien erinnert und schaut sich lieber eine Show an, die durch Theatralik und Ironie unterhält, statt auf ungleiche Machtstrukturen aufmerksam zu machen. Drag Kings bleiben also unsichtbar, weil ihre Ästhetik nicht den vom Publikum gewünschten Vorher-Nachher-Effekt mit sich bringt und zudem auch noch zu gesellschaftskritisch erscheint.

Vielleicht werden Drag Kings erst für ein breites Publikum zugänglich, wenn Zuschauerïnnen für mehr als Regenbogenkapitalismus bereit sind. Am 16. Juli wird der internationale »Drag Day« gefeiert, bei dem die Kings mindestens genauso ausgelassen und schillernd feiern werden wie die Queens. Denn ganz so ernst, wie Horowitz und Halberstam Drag Kings zeichnen, ist die Performance-Kunst nicht. Männlichkeit ist im Kern ja eigentlich schon eine Sache, bei der es sich lohnt, sie nicht ganz so ernst zu nehmen. ◆

EIN ALIBI FÜR PORNOGRAFIE? TRUE-CRIME-MAGAZINE

Johannes Franzen

◆

In der Serie »Bodkin«, die im Mai 2024 auf Netflix veröffentlicht wurde, geht es um eine Gruppe glückloser True-Crime-Podcaster, die die Geschichte eines lang zurückliegenden Mordfalls in einem kleinen irischen Dorf erzählen wollen. Der Ton der Serie schwankt zwischen ernsthaftem Thriller und Satire. Eines scheint aber klar zu sein: True Crime ist ein peinliches und aufdringliches Genre. In einer Szene in der siebten Folge kommt es in einer Gefängniszelle zu einem Streitgespräch zwischen dem Podcaster Gilbert Power – ein weicher, feiger Mann, der vor allem pseudo-nachdenkliche Reflexionen in sein Aufnahmegerät spricht – und der hartgesottenen Journalistin Dove Maloney, die gezwungen wurde, bei dem Podcast mitzuhelfen. Mit äußerster Verachtung spricht sie ihm ab, ein Journalist zu sein. Stattdessen würde er die Menschen in seinen Erzählungen nur aussaugen, um noch mehr süßlichen Content zu erzeugen – Content, der nichts verändert, nichts beiträgt, nichts sagt. »Du bist kein Journalist, Gilbert«, faucht sie ihn wütend an, »du bist ein Pornograf!«

»Bodkin« stellt den vorläufigen Höhepunkt des Backlashs gegen den True-Crime-Boom der letzten zehn Jahre dar. Faktuale Geschichten über Verbrechen erzeugen inzwischen eine gewisse Müdigkeit, die mit einer tiefsitzenden ethischen Skepsis gegen die ausbeuterische Verarbeitung real erlebter Leiden zu narrativen Zwecken verbunden ist. Bereits 2021 schrieb Margarete Stokowski in einer vielbeachteten Kolumne für Spiegel Online, die Fälle in den meisten True-Crime-Erzählungen würden »oft schamlos reißerisch als

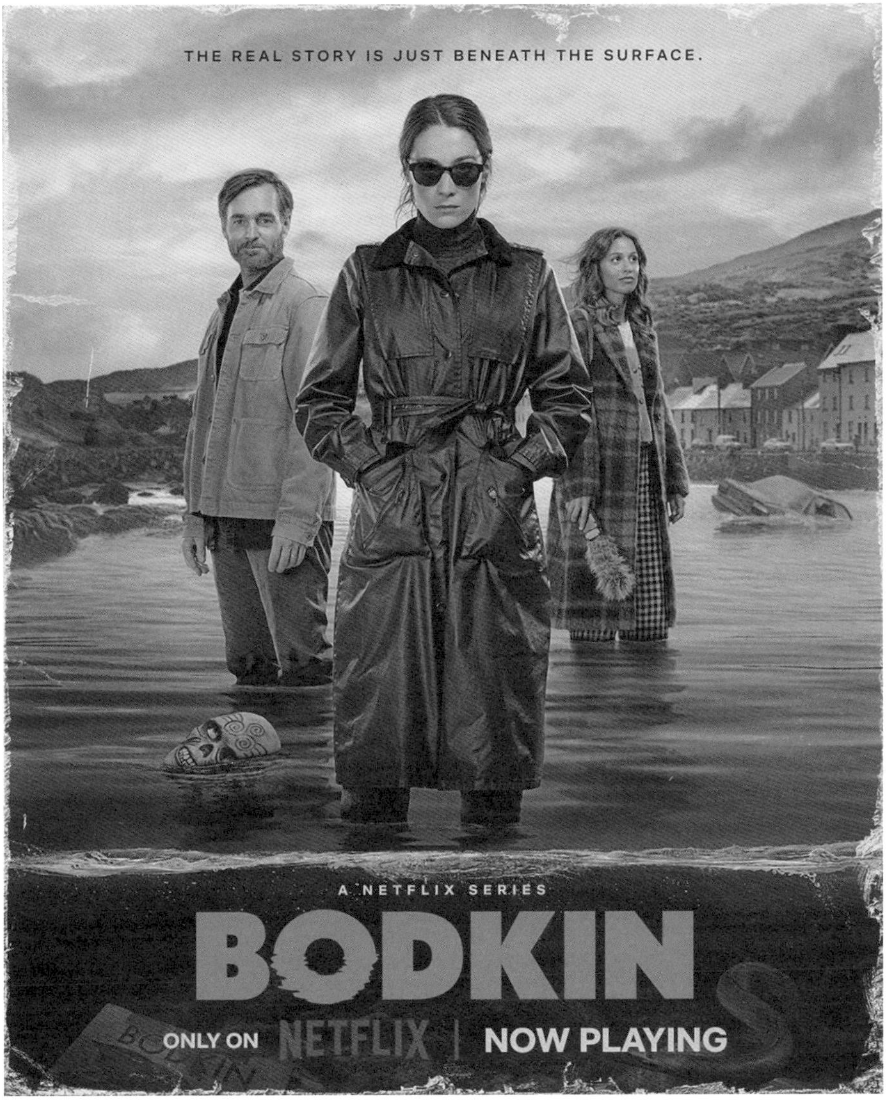
THE REAL STORY IS JUST BENEATH THE SURFACE.
A NETFLIX SERIES
BODKIN
ONLY ON NETFLIX | NOW PLAYING

@ Netflix

schauriges Spektakel präsentiert«. Das gelte auch (und gerade) für die Formate, die sich den Anschein journalistischer Ernsthaftigkeit geben. Ein Podcast wie »Zeit Verbrechen« wolle Qualitätsjournalismus sein, sei aber nur »Boulevard für Besserverdienende.« Es handelt sich um eine hellsichtige Formulierung, die eine kultursoziologische Spannung zum Ausdruck bringt, die dem Erfolg des Genres zugrunde liegt.

Berichte über grausige Verbrechen waren schon immer ein wichtiger Bestandteil des Sensationsjournalismus. Was True Crime zu einer Leitgattung der Gegenwart gemacht hat, ist ein Prozess der Nobilitierung, der das Erzählen von Fallgeschichten zu einem ernsthaften journalistischen und literarischen Vorhaben aufgewertet hat. Diese Nobilitierung kann sich auf Klassiker des ›New Journalism‹ wie Truman Capotes »In Cold Blood« berufen, dessen Entstehungsgeschichte durch gleich zwei hochkarätig besetzte Filme (»Capote« von 2005 und »Infamous« von 2006) zurück ins kulturelle Gedächtnis gerufen wurde. Spätestens aber seit dem Welterfolg des Podcasts »Serial« (2014), der den Erzählstil des True-Crime-Booms stark geprägt hat (ein nachdenklicher, lakonischer Ton, philosophische Reflexionen etc.), ist dieser Prozess abgeschlossen.

Der kulturkritische Ärger über diese Erfolgsgeschichte beruht darauf, dass die Formate ihre Herkunft aus den niedersten Niederungen der Mediengeschichte nicht verleugnen können. Das zeigt sich vor allem dort, wo der Anspruch, eine spannende, reißerische Geschichte zu erzählen, mit den ethischen und stilistischen Ansprüchen, die an ›Qualitätsjournalismus‹ gestellt werden, kollidiert, wo die Rezeptionsbedürfnisse nach Unterhaltung einerseits und Information andererseits aufeinanderstoßen. Eine Serie wie »Bodkin« oder eine Polemik wie die von Stokowski beruht auf dem Verdacht, es könnte sich um einen großangelegten Schwindel handeln, der dem Publikum unter dem Deckmantel des Journalismus Pornografie verkauft, Boulevard unter dem Deckmantel der Hochkultur.

Am Erfolg der Gattung ändert diese immer weiter anschwellende Kritik allerdings wenig. Das kann man etwa in den Bahnhofsbuchhandlungen Deutschlands erleben, wo an prominenter Stelle gleich mehrere Magazine ausliegen, die sich ausschließlich mit schrecklichen Verbrechen beschäftigen. Wo früher Aufsteller mit alten »Asterix«-Ausgaben oder »Lustigen Taschenbüchern« standen, steht jetzt eine Sammlung von »Stern Crime«, ein Magazin für »Wahre Verbrechen«, das seit 2015 alle zwei Monate veröffentlicht wird. Die Ausgabe 54 aus dem April/Mai 2024 hat einen Umfang von knapp 140 Seiten und umfasst Reportagen, Interviews und Kolumnen. Auf dem Titel ist ein bedrohlich leuchtendes Karussell im Nebel zu sehen, das die Titelgeschichte über den Serienkiller Jürgen Bartsch illustriert: »Der Spielgefährte. Er sagte, er könne ihnen etwas Magisches zeigen.« Drei suggestive Punkte, die das Grauen andeuten, das darauf folgt, muss man sich dazu denken. Die anderen Formate, die auf dem Cover angekündigt werden, sind von einer ähnlichen Dunkelheit, die allerdings durch eine augenzwinkernde Campyness auch wieder zurückgenommen wird: »Die Falle. Er sucht Frauen, Sie sucht Verbrecher« oder »Ein Sammler. Er hat eine Mission. Und dafür braucht er Menschen.«

Etwas ernsthafter geht es dagegen bei »Zeit Verbrechen« zu. Nummer 26 (April 2024) beschäftigt sich mit dem wichtigen Thema »Häusliche Gewalt«. Auf dem Titel sieht man ein aufgeschlitztes Kissen in einem Ehebett, aus dem die Federn dem Betrachter entgegenfliegen. Die Geschichten, die hier angekündigt werden, tragen Titel wie »Der Feind in meinem Bett. Wenn der Partner zur Gefahr wird« oder »Hände aus Gold. Ein Masseur verschwindet spurlos.« Dem interessierten Leser wird allerdings auch eine Reihe von Promis im Polizeifoto versprochen (»Von David Bowie bis Hugh Grant«), ein Text von einem Clown über seine Ängste (»Wenn keiner lacht«) und »Dunkle Verse. Gedichte zum Fürchten«. »Zeit Verbrechen« erscheint seit 2018 und verdankt seinen Erfolg u.a. dem bekannten Podcast gleichen Namens, der ursprünglich als Begleitformat zum Magazin erscheinen sollte, der aber das Printerzeugnis inzwischen deutlich überstrahlt.

Auffällig ist, wie aufwändig diese Magazine produziert sind. Wer von einer Nostalgie nach der Heldenzeit des analogen Printjournalismus geplagt wird, der kann sie hier ausleben. Die Hefte liegen schwer in der Hand und sind mit stilvollen, teils geschmackvoll stilisierten Fotostrecken illustriert. Es handelt sich, so die implizite Botschaft der materiellen Gestaltung, nicht um Wegwerfjournalismus, sondern um Sammlerstücke. Für 7,99 kann man im »Stern«-Shop dazu auch gleich einen »strapazierfähigen Schuber« kaufen, der jeweils sechs Hefte einer »Stern Crime«-Sammlung fasst. Die Magazine wollen sich vom Anspruch her deutlich dem Aktualitätsdruck der Tagespresse entziehen. Den Texten wird eine überzeitliche Wertigkeit zugeschrieben, die sie auch Monate oder Jahre nach der Veröffentlichung lesenswert macht. Dieser Anspruch deutet allerdings auch den prekären Status von True Crime an. Die Tatsache, dass man – wenn die aktuelle Ausgabe von »Stern Crime« schon ausgelesen ist – problemlos ein altes Heft, das weiter unten im Aufsteller der Bahnhofsbuchhandlung liegt, durchschmökern kann, verweist auf den Unterhaltungscharakter der Gattung.

Ein weiteres Problem der Magazine ist, dass sie ein klassisch journalistisches Format wie die Reportage über aufsehenerregende Verbrechen oder Gerichtsprozesse aus dem medialen Schutzraum der Wochenzeitung herausziehen. In einer wöchentlichen Ausgabe der »Zeit« oder des »Stern« steht eine solche Reportage neben anderen Formaten und Inhalten. Gebündelt in einem eigenen Magazin, ohne das paratextuelle Umfeld von Politikjournalismus oder Feuilleton, wirken diese Texte seltsam nackt und lassen direkt den Verdacht aufkommen, hier ginge es nur um die narrative Ausschlachtung realer Leiden zu Unterhaltungszwecken. Die Magazine beweisen die Existenz von Leserïnnen,

Völlig
unerwartet
brach
es aus,
mit
Brutalität
und zog
sich ebenso
schnell
zurück
extra
Crime
WAHRE VERBRECHEN
DIE BESTEN
GESCHICHTEN
5 JAHRE
WAHRE VERBRECHEN
Crime
einem
abgelegenen
Waldstück
DIE
JÄGERIN
Ein neuer
Fall auf
26 Seiten
CRIME EXTRA 1/2020
DEUTSCHLAND: 8,90 €
ÖSTERREICH: 9,90 €
SCHWEIZ: 13,90 SFR

@ Stern

die sich nur für die spektakulären Fallerzählungen schrecklicher Verbrechen interessieren und entsprechende Texte aus den jeweiligen Medien herauspicken. Eine einzelne Reportage über ein Verbrechen in der »Zeit« zu lesen ist wenig problematisch; ein ganzes Heft voller Texte nur über oft deprimierende Schicksale zu konsumieren, erscheint zweifelhaft, wenn nicht gar frivol.

Magazine wie »Zeit Verbrechen« oder »Stern Crime« illustrieren, was passiert, wenn anerkannte journalistische Marken ihr Prestige einer fragwürdigen Erzählform leihen. Wo der Krimi so deutlich auf den Journalismus trifft, werden die kultursoziologischen Bruchlinien einer Form des faktualen Erzählens, die immer schon zwischen Unterhaltung und Information vermitteln muss, besonders sichtbar. Es handelt sich um eine für die moderne Kultur repräsentative Vermischung von Registern, die auf unterschiedliche Rezeptionsbedürfnisse reagiert. Diese Vermischung darf man allerdings nicht offiziell eingestehen. Gerade dort, wo ein narrativer Hedonismus bedient wird, der auch durch einen fiktionalen Kriminalroman, Fernsehthriller oder Horrorfilm befriedigt werden könnte, muss die hochkulturelle Nobilitierung besonders viel Arbeit leisten.

Diese Arbeit ist das wichtigste Strukturmerkmal der True-Crime-Magazine. Der Versuch, Schaulust und Bildung, Spannungsgier und ethische Reflexion zu vermitteln, erzeugt eine nervöse Reibungsenergie, die diese Medien zu reichen Texten für die kulturwissenschaftliche Analyse machen. Der Druck, verschiedene, widerstreitende Ansprüche zu vermitteln, zeigt sich direkt in der Zusammenstellung und Reihenfolge der Formate in den einzelnen Heften. Das Herzstück sind die Reportagen, die die grausamen, traurigen, bedenkenswerten Fälle erzählen. Dazwischen finden sich allerdings auch reflexive und heitere Formate.

Ausgabe 54 von »Zeit Verbrechen« beginnt etwa mit einer Kolumne des professionellen Clowns Francis Brunaud, der über seine Ängste nachdenkt und sich darüber ärgert, dass eine verantwortungslose Kultur den Clown zu einer Horrorfigur gemacht habe. Darauf folgt eine erste Reportage, die sich mit der schrecklichen Gewalt beschäftigt, die bekanntlich »hinter der bürgerlichen Fassade lauert«. Erzählt wird von einem 89-jährigen Rentner, der seine Frau jahrzehntelang tyrannisiert und schließlich brutal ermordet hatte. Darauf folgen zwei Seiten mit Schaubildern, die eine Recherche über die Faktenlage häuslicher Gewalt liefern sollen. Dort kann man dann lernen, dass 71 % der Opfer häuslicher Gewalt weiblich sind oder wie viele der Taten von Partnerschaftsgewalt unter Alkoholeinfluss stattfinden (23 %). Darauf folgt direkt die nächste Reportage, die unter dem Titel »Sein Grinsen« vom versuchten Mord eines zwanghaft eifersüchtigen Ehemanns erzählt, der die Trennung von seiner Frau nicht ertragen konnte.

Danach kommt ein Interview mit der Anwältin und Aktivistin Asha Hedayati, die sich vor allem für Opfer häuslicher Gewalt einsetzt; und danach ein neuer Teil der Reihe »Kleine Verbrechen«, in der die Autorin Ursula März in humorvollen Skizzen aus dem Alltag eines Amtsgerichts erzählt. Hier geht es um nuschelnde Angeklagte, langweilige Verfahren und einen besonders protzerischen Fall von Titelschwindel. Daran schließt sich die Reportage über den Fall eines Masseurs an, der möglicherweise von seiner Freundin und deren Liebhaber ermordet wurde, und daran ein Artikel über Menschen, die ohne Pflichtverteidiger vor Gericht erscheinen müssen.

So wechseln sich Formate, die den narrativen Hedonismus der Leserïnnen befriedigen, mit reflexiven Formaten ab, die die moralischen Probleme, die damit verbunden sind, abfedern sollen. Die Botschaft ist klar: Hier geht es nicht nur darum, sich an grausigen Geschichten zu ergötzen, sondern auch darum, sich über die statistischen Hintergründe zu informieren, nicht nur darum, spannende Fälle zu konsumieren, sondern auch darum, die systemischen Hintergründe dieser Taten zu verstehen. Dabei wird die Kritik an True Crime teilweise explizit thematisiert. So wird im Interview mit Asha Hedayati gleich in der ersten Frage offengelegt, dass sie auf die Anfrage des Magazins geantwortet habe: »Ich hasse ZEIT Verbrechen.« Danach spricht Hedayati dann darüber, wie die »Sensationsgeilheit« vieler True-Crime-Formate die öffentliche Aufmerksamkeit auf Einzelschicksale verschiebt und dadurch die Alltäglichkeit von Gewalt verschleiert. Die spannungsreichen Geschichten verstellen den Blick auf die Strukturen, an denen nichts geändert wird, wenn die Fälle allein dazu dienen, Schaulust zu befriedigen. In eine ähnliche Kerbe schlägt ein Essay zu Beginn von Heft 54 von »Stern Crime«, in dem es um die Frage geht, warum Menschen Verbrecher manchmal heroisieren und woher die Faszination für das Böse kommt.

Solche Reflexionsformate sollen ein Problembewusstsein zum Ausdruck bringen, das man den Einzelfallgeschichten – sicherlich die größte Attraktion der Magazine – allerdings kaum anmerkt. Diese Reportagen werden größtenteils ohne gesellschaftliche oder politische Analyse durcherzählt, im Stil des narrativen Journalismus, der sich in deutschen Medien etabliert hat: ein lakonischer Ton, kurze Sätze, erzählerisches Präsens. Einen Eindruck von diesem Stil vermitteln die Anfangspassagen der Reportagen aus Heft 26 von »Zeit Verbrechen«:

> »Er ist schon immer ein gewissenhafter Mensch gewesen. Als Schüler in seiner Heimatstadt im Bergischen Land, als Lehramtsstudent an der Uni Mainz, als Oberstudienrat für Latein, Griechisch und Chemie. Ordnung ist wichtig für ihn. Auch an jenem Tag im Sommer 2018: Als seine Frau leblos auf dem Boden ihres gemeinsamen Reihenhauses liegt, geht er zum Telefon und ruft die Polizei. Dem Beamten am anderen Ende der Leitung teilt er mit gefasster Stimme mit, dass er soeben seine Frau umgebracht habe.«

»Er wäscht sich gerade im Badezimmer, als es an der Tür klopft. Seine Mutter steht im Hausflur. Sie weiß, dass er heute seine Ex-Frau Aneta treffen wollte, sie hat ein schlechtes Gefühl. Robert öffnet und sagt: Aneta ist tot. Er lacht. Dann drängt er sich an ihr vorbei und flieht durch das Treppenhaus hinaus zu seinem Auto. Im Badezimmer hatte er sich das Blut abgewaschen. Im Auto nimmt er sein Handy und wählt die 112.«

»Am Nachmittag des 12. Oktober 2012 schließt Karl-Friedrich Meyer ein letztes Mal seine Praxis ab. Danach wird er nicht mehr gesehen. Nur zwei Menschen wissen wahrscheinlich, was an diesem Tag mit ihm geschehen ist. Doch beide schweigen.«

Was sich in diesen Zitaten zeigt, ist eine starke Fokussierung auf konkrete Protagonisten und eine Narration, die fast atemlos vorangetrieben wird, gleichzeitig aber auch von einer Informationspolitik geprägt ist, die vor allem Spannung aufbauen soll. Man möchte wissen, was passiert ist, wie es weitergeht. Dieser Stil ist funktional, oft bis zum Kitsch. In einem Text über einen grässlichen Autounfall heißt es über die zerstörten Urlaubspläne einer Familie: »Venedig sehen. Und leben. Das war der gemeinsame Plan. Doch am 4. Mai 2017 kam der Tod dazwischen.« Die voranstolpernde Parataxe wird hier in den Dienst eines schnellen emotionalen Effekts gestellt.

Die Beispiele zeigen, dass sich die grundsätzlichen Schwierigkeiten der Erzählform, auf die Hedayati in ihrem Interview verweist, auch durch die geschicktesten Nobilitierungsstrategien nicht lösen lassen: Der narrative Hedonismus, der den populären Erfolg von True Crime begründet, kann nur durch die immense Erzählbarkeit der faszinierenden Einzelfälle befriedigt werden. Strukturen sind narrativ wenig glanzvoll, nur das konkrete Schicksal ist spannend. So kommt es in den Magazinen zu einer recht strikten Trennung von Erzählung und Analyse. Um den Fluss der Geschichte nicht zu stören, werden die analytischen Formate, die das Erzählen ja überhaupt erst rechtfertigen sollen, in die Begleitformate ausgelagert: erst der Salat eines Essays oder Interviews, dann die fettige Hauptspeise der spannenden Erzählung, dann – auch zur emotionalen Entlastung von den oft extrem deprimierenden Fällen – die Nachspeise einer heiteren Kolumne oder Fotostrecke (Promi-Mugshots z.B.).

Die Mischung aus verschiedenen Formaten, die sich gegenseitig aufwerten und rechtfertigen sollen, erinnert an Umberto Ecos Beschwerde über die literarischen Erzählungen im »Playboy«. In »Die Struktur des schlechten Geschmacks« beschreibt Eco diese Erzählungen als Alibi der Pornografie, die sich durch die Nähe zur Hochkultur aufwerten möchte – für ihn der Inbegriff des Midcult. Tatsächlich handelt es sich bei True Crime um ein Phänomen der Kulturvermischung, wie Moritz Baßler sie in seinem Essay »Der neue Midcult« (»Pop. Kultur und Kritik«, Heft 18, 2021) analysiert hat. Man könnte sagen, dass die »schweren Zeichen« politisch relevanter Gewaltverbrechen im Fall dieser Magazine in den Dienst der kulturellen Nobilitierung des Sensationsjournalismus gestellt werden. True Crime ist damit ein weiteres Beispiel für die Verwirrung medialer Hierarchien, die das kulturelle Konfliktfeld der Gegenwart charakterisiert.

Diese Verwirrung wird in Ausgabe 26 von »Zeit Verbrechen« bis zur Selbstparodie gesteigert. Unvermittelt taucht nämlich eine Reihe von Gedichten auf. Unter der Überschrift »Dunkle Verse« heißt es: »Das Grauen lauert überall, auch in den schönsten Zeilen. Manchmal ist es ein nur finsteres Wort, manchmal die rohe Gewalt. Wir haben Gedichte über den Tod gesammelt.« Was folgt, sind Texte von Bettina von Arnim (»Seelied«), Georg Trakl (»De Profundis«), Wilhelm Busch (»Es sitzt ein Vogel auf dem Leim«) oder Erich Kästner (»Ballade vom Nachahmungstrieb«). Die Bebilderung besteht aus stark stilisierten Fotos von einem stillen See, einer bedrohlich blickenden Katze, einer Hand neben einer einzelnen Kerze – oder einem sehr schwarzen Raben. Während der Wechsel erzählender und reflektierender Formate in den True-Crime-Magazinen ansonsten mit großer Professionalität betrieben wird, bricht an dieser Stelle die Nobilitierungsstrategie zusammen und entbirgt den Kitsch, der der Gattung zugrunde liegt. ◆

»CLARKSON'S FARM«

Populismus, Wokeness und Einblicke in die englische Landwirtschaft

Maren Lickhardt

Denkt man in Deutschland an Formate, die in irgendeiner Form Landwirtschaft thematisieren, fällt einem vermutlich »Bauer sucht Frau« ein. Man kann sich auch ohne Kenntnis der Sendung vorstellen, dass hier Menschen, also vor allem Bauern, der Lächerlichkeit preisgegeben werden. »Clarkson's Farm« ist ein englisches Scripted-Reality-Format, das lediglich Farmtiere zusammenführt und vor allem Einblicke in die englische Landwirtschaft gewähren will. Protagonist Jeremy Clarkson ist in England bekannt geworden als Moderator des Automagazins »Top Gear«, das als die erfolgreichste Sendung der BBC gilt. Er tauchte in einigen weiteren Formaten auf, bis sein Vertrag von der BBC nicht mehr verlängert wurde, als man nationalstereotype bis rassistische Äußerungen des Moderators nicht weiter tolerieren wollte. Ihm gehörte schon seit geraumer Zeit ein Landwirtschaftsbetrieb, den er zunächst verpachtet hatte und ab 2019 selbst bewirtschaften wollte. Er konnte also ›umschulen‹.

2021 wurde auf Amazon Prime Video die erste von drei Staffeln »Clarkson's Farm« ausgestrahlt, die zeigen, wie sich Clarkson nun selbst als Bauer auf seiner Farm betätigen möchte. Unterstützt wird er dabei von dem kultigen Kaleb Cooper, der sich mit Landwirtschaft im Gegensatz zu Clarkson auskennt – die Differenz der Kompetenzen wird zum Running Gag der Serie –, der aber bis zur ersten Staffel in nur einem einzigen Ort außerhalb von Chadlington gewesen war, nämlich in Banbury, der keinen einzigen Star kennt oder urbanen Witz versteht und kaum über Bildung verfügt, die über das tradierte Wissen über Landwirtschaft hinausgeht. Ebenfalls dabei ist Gerald Cooper, der – was ebenfalls als Running Gag inszeniert wird – im englischen Original aufgrund seines Dialekts sowohl für Clarkson als auch die Zuschauer'innen unverständlich bleibt.

Grob strukturiert sind die Staffeln vor allem nach Tieren. In der ersten Staffel beginnt die Schafzucht; in der zweiten stehen Rinder im Vordergrund; in der dritten kommen Schweine hinzu. Daneben werden Themen der Landwirtschaft durchgegangen und diverse Projekte, wie ein Hofladen, ein Restaurant, eine Pilzzucht und der Verkauf von selbstgemachter Brennnesselsuppe, präsentiert, die zur vertikalen und lateralen Diversifizierung beitragen und die Kasse des konventionellen Betriebs aufbessern sollen. Denn eines wird von Beginn an ausdrücklich gezeigt: Landwirtschaft lohnt sich kaum, und das liegt nicht nur an Clarksons Inkompetenz, die daraus resultiert, dass der kleine Junge zwar immer spaßige Ideen hat, aber nicht kalkulieren kann und die entsprechenden staatlichen Produktions-, Absatz- und Lebensmittelvorschriften nicht kennt. Charlie Ireland ist daher – weiterer Running Gag – als Berater dafür zuständig, jeden Spaß zu verderben, indem er entweder ökonomische Gesichtspunkte oder bürokratische Hindernisse in Clarksons Spiel bringt.

Die Serie ist hochgradig gescriptet und inszeniert. Vermutlich nicht alle, aber zahlreiche Dialoge sind sicherlich genau geplant, ebenso das Zusammenprallen von Fantasie und Wirklichkeit, wenn es darum geht, eine Farm zu gestalten. So naiv wie Clarkson kann man an ein Landwirtschaftsunternehmen auch als quereinsteigende Großstädter'in nicht herangehen. Inszeniert erscheint vor allem Clarksons Unfähigkeit, z.B. bei der Aussaat auch nur eine einzige gerade, an die andere nahtlos angrenzende Linie mit dem Traktor zu ziehen, was den ästhetischen Effekt der Feldmusterung erzeugt, nachdem die Pflanzen gewachsen sind.

Bei der Selektion ihrer Elemente verfolgt die Show deutlich zwei Ziele: prodesse et delectare. Die Unterhaltung kommt durch Idiotie hinein, und das belehrende Moment resultiert aus der Vermittlung verschiedener Welten. Es mag banal klingen, aber dabei ist es wichtig, stets im Hinterkopf zu behalten, dass die Serie nicht realistisch ist, weil dadurch ihre (bewusste) diskursive Aufladung in den Vordergrund rückt. Nicht inszeniert ist allerdings die Differenz, dass jemand, der es nicht nötig hat und der einem ›elitären‹ Kreis angehört, nun für das einfache Volk spricht, dessen Ton er aber durch seine Derbheit trifft.

Auf den ersten Blick sollen, wie eingangs bemerkt, mit didaktischem Impetus Einblicke in die Landwirtschaft gewährt werden. Aber mehr noch, insbesondere in der dritten Staffel, und da vor allem am Ende, wird überexplizit eine Lanze für die Landwirtschaft und Landwirt'innen gebrochen. Als Clarkson sich in das Leben als Landwirt eingefunden hat, also weniger Mist baut, und mehrere Personen das ganze Jahr lang durchgeschuftet haben, bleiben dem Hof (angeblich) insgesamt nur 72.550 Pfund Überschuss, die aber sofort reinvestiert werden müssen. Clarkson schließt: »If you're a normal farmer and this is your full-time and only job [...]«, ja, dann bleibt nach härtester Arbeit irgendetwas zwischen nichts und wenig, ist man immer abhängig von äußeren unbeeinflussbaren Umständen wie Klima und Preisschwankungen, und nun laufen in England auch noch staatliche Subventionen aus... Ein klarer Appell an die Regierung, die an dem Punkt auf offene Arme stoßen würde. Kaleb blickt positiv in die Zukunft, weil er seine Arbeit liebt. Komisch und zugleich anrührend ist sein Treffen mit Premierminister Rishi Sunak in der dritten Staffel, bei dem er erklärt, Landwirtschaft sei kein Beruf, sondern eine Lebensart. Dies greift Clarkson am Ende der dritten Staffel noch einmal auf, um Landwirt'innen einmal mehr in Schutz zu nehmen, die permanent als Umweltverschmutzer etc. am Pranger stünden, aber eigentlich aus Leidenschaft wichtige Arbeit für die Gesellschaft leisteten. Auch Clarkson selbst liebe das Leben auf dem Land mittlerweile und zöge es London vor.

Dies ist Teil der nicht nur konservativen, sondern auch populistischen Signatur der Serie, denn London ist nicht nur die Stadt, in der der bekannte und wohlhabende, vielgereiste und gesellschaftlich angesehene Moderator in Restaurants und auf Partys ein- und ausgehen kann, sondern London, das sind ›die da oben‹, die wenig helfen, aber mit bürokratischen Hindernissen, Umwelt- und Verbraucher'innenschutzerwägungen etc. den einfachen, guten Landwirt'innen das Leben schwer machen. Stets wiederholen sich Szenen, in denen Schweine umständlich zu registrieren sind, Laborproben die Unschädlichkeit einer Maßnahme bestätigen müssen und Bauvorschriften Veränderungen im Hof im Weg stehen. Insbesondere Clarksons Frau wird regelmäßig wütend gezeigt: Vorschriften hinderten sie daran, ihre Arbeit zu machen, statt sie zu ermöglichen; sie erschwerten finanzielle Rentabilität und minderten den Spaß. Die Regressionsfantasie der Serie – zurück zur Landwirtschaft, zum einfachen Leben in einer organischen Gemeinschaft, zur unverwalteten Liberalität einer vitalen Lebensweise –, die auch Lisa erfasst, die als yogabegeisterte Schauspielerin lernt, Schweinebabys aus dem Uterus der Mutter zu ziehen, bestärkt allgemeine virulente Renitenzen gegenüber der modernen Zivilisation. Die Serie wurde unmittelbar nach dem Vollzug des Brexits und der Hochphase der Covid-Pandemie gedreht, als Rechte und Spinner'innen frei drehten, und die dürften sich partiell, aber eben nur partiell (!) durch die Serie bestätigt fühlen.

Denn die Serie vermittelt die Positionen, indem sie eine zweifache Didaxe verfolgt. Inmitten des Geschimpfes über Bürokratie tauchen nämlich aufgrund des Brexits erhebliche Schwierigkeiten auf der Farm auf, die man ja auch nicht hätte thematisieren müssen. Es fehlen LKW-Fahrer'innen und Schlachter'innen, sodass die Arbeit nicht weitergehen kann. Die EU war vielleicht gar nicht so schlecht. Dies könnte man als Subtext jedenfalls herauslesen. Die Tiere liegen den beiden Städterïnnen ebenfalls am Herzen. Zwar werden sie geschlachtet und auch sonst auf viele erdenkliche Weisen ungut behandelt (zur künstlichen Befruchtung in eine Stahlapparatur gepfercht, die Ohren gechipt, die Hörner verödet etc.), aber artgerechte Haltung im Freien in funktionierenden Herden ist Clarkson ein großes Anliegen. Als er in den Pilzverkauf einsteigt, ist er zunächst irritiert darüber, dass diese als Steak-Ersatz fungieren können, aber natürlich entdeckt er sein Herz für alle Veganerïnnen dieser Welt, die ihm diese zusätzliche Einnahmequelle sichern.

Zwar ist Clarkson eigentlich eher ein Bauchmensch, aber er setzt auch auf wissenschaftliche Expertise, wenn es darum geht, die Farm sinnvoll und nachhaltig zu bewirtschaften. Die teils verordneten, teils freiwillig initiierten ökologischen Ausgleichsmaßnahmen wie Bewaldung sowie natürliche Beweidung und Düngung werden als positiv vorgestellt; Umweltschutz ist in moderatem Maß ein Thema. Ebenso gibt es selbstverständlich Bäuerinnen und Schäferinnen, die als Expertinnen auftreten, um Clarkson im Rahmen eines freundschaftlichen Verhältnisses zu belehren. Gegen Ende der Serie fällt der entscheidende Satz, der implizit schon die ganze Zeit mitschwingt. Clarkson bemerkt, er wolle ja nicht »woke« klingen, ABER... Das klingt wie die Umkehrung von Bemerkungen wie: Ich bin ja kein Rassist, aber..., wenn man an Clarksons Vorgeschichte bei der BBC denkt. Wem, wenn nicht jemandem, der Asiatïnnen auch schon mal als »slopes« bezeichnet hat, der regelmäßig anzügliche Kommentare (allerdings nicht gegenüber Frauen) platziert und der sich furchtbar über jede ›Einengung‹ seines Lebens durch Vorschriften aufregt, würde man es besser abkaufen, wenn er eine gute medizinische Behandlung seiner Tiere und deren Freilauf als selbstverständlich erachtet, Boden und Bäche schonen möchte, die Wissenschaft konsultiert, Fleischalternativen anbietet und sich letztlich ja doch in bürokratische Notwendigkeiten fügt.

Freilich kommt das sicher nicht als Vorbild bei konventionellen Landwirtïnnen an, die jederzeit einwenden können, dass hier ein Fernsehstar mit enormen zusätzlichen Einnahmen Landwirt spielt. Aber der Typ Jeremy Clarkson hat etwas Vermittelndes und Ausgewogenes in einer Kultur der Extreme, so befremdlich er auch erscheinen mag. Am Ende siegt Clarkson sogar bei dem zunächst populistisch als Kampf gegen die Bürokratie inszenierten zähen Ringen um eine Baugenehmigung. Auch die Behörden, ›die da oben‹, haben offensichtlich ein Einsehen. Letztlich erscheinen sie nicht ausschließlich als Feinde des ›kleinen Mannes‹, für den Clarkson ernsthaft und doch halbironisch sprechen will, weil er natürlich weiß, was alle wissen, nämlich dass hier eine Reality Show inszeniert wird.

Gibt es neue Vermittlungsversuche in der Fernsehlandschaft? Durch die Serie »Yellowstone« mit Kevin Costner jedenfalls eher nicht. Die auf dem amerikanischen Land und unter Republikaner-Wählerïnnen beliebte Serie wurde in Rezensionen wegen ihrer dystopischen Elemente als partiell subversiv und kritisch und in diesem Sinne als ›didaktisch wertvoll‹ diskutiert und besitzt mit Costner zumindest einen gemäßigt konservativen Mitwirkenden, der Trump nicht schätzt und sich für den Schutz der indigenen Bevölkerung und der Natur einsetzt, der aber eben doch bekennend konservativ ist und Radikalkonservativen mit der Serie den Traum einer liberalen, aber doch kapitalistisch hierarchisierten, archaischen Welt liefert. Costner hat sich, nebenbei bemerkt, auch schon öffentlich negativ über Überbürokratisierung und Regulierungen seitens des Staates geäußert. Hier kann keine Seite etwas lernen, auch nicht die Radikalkonservativen das Bild des ›guten Konservativen‹, sondern hier können sich Konservative eben auf ihre Weise gut unterhalten. Die Nennung von Beispielen für Serien mit zweifach gerichteten Didaxen sind herzlich willkommen. ◆

DIE MITFÜHLENDE HÄLFTE BESTEHT IHRERSEITS AUS ZWEI HÄLFTEN

Tractatus Eminemus-leporidus

Moritz Baßler / Heinz Drügh

Da wetzt ein Hase am Horizont einer Giraffe hinterher, wirbelt Staubwolken auf wie der Roadrunner im Zeichentrick, dann nähert er sich wieder der Protagonistin und übt Segelflug wie Lilienthal, während die beiden lollilutschend zu einem komplexen Dialog ansetzen. Maren Kames' »Hasenprosa« cutifiziert und weirdifiziert mit dem erratischen Kuscheltier, was andernfalls leicht hätte nerven können: die Routines autofiktionaler Midlife-Selbstreflexion und, ja, die bundesrepublikanische Familiengeschichte, komplett mit allen Opas und Omas. So hält Kames' erster Roman die Balance zwischen Pop-Anmutung und einer erfreulich autonomen Kunstprosa, der man die Lyrikerin anmerkt, als die man sie bisher kannte. Dabei scheut sie sich nicht, ausführlich auch Lyrics in den Text zu streuen, von deutschen Indiebands, Billie Eilish, REM und Paul Kalkbrenner bis hin zu Peter Gabriel – eine Playlist, die offensichtlich nicht auf Sophistication aus ist, sondern auf Anverwandlung. »Sind die krassen Zeiten vorbei?«, fragt der Hase. Antwort: »Ich glaube ja.« Woraufhin das Nagetier einen Katalog von Ingredienzien des wilden Pop-Lebens oder halt einfach der Jugend extemporiert, der endet: »...auf Tischen tanzen, unter Brücken, die Zeiten des Stürzens und Abstürzens, Zeiten der Kussketten und Schnäpse, überhaupt das Schimmern von Gläsern aller Arten bei Nacht, das ist jetzt alles in der Kunst?« »Siehst du ja.«

So sieht das jetzt also aus, wenn's gut ist: Die Prosa wird nicht unbedingt Pop, sie verwandelt sich aber Pop an, hebt ihn in sich auf, um Kunst zu werden; eine Kunst, in der sich dann tatsächlich noch einmal von sich selbst, den

Eltern und Großeltern erzählen lässt, der Familienroman, der anderswo längst zum Gemeinplatz geworden ist und ästhetischen Ekel auslöst. Dank des Hasen »hat sich also alles flexibilisiert und verkomplext, was einerseits sehr verwirrend gewesen sein muss, andererseits auch schön, so mobil und vielfältig, näher am unvorhersehbar Bekloppten als am vorhersehbar Klaren und entsprechend frei.« »Keine Ahnung, von gegenüber kommt das Licht«, so das Motto von der Essener Band International Music.

Es gibt eine erfreuliche Konjunktur der Beklopptheit, zu Deutsch Weirdness, in der deutschen Gegenwartsprosa. »Verknäult« schauen Lenell und Helen, das schwierige Liebespaar in Joshua Groß' neuem Roman »Plasmatropfen«, »eine Reality-TV-Show, bis sie bekloppt wurden. Bekloppt von den generischen und urhohl sich tradierenden Lebensweisheiten. Bekloppt holten sie mehr Lasagne, bekloppt wussten sie wiederkauend, dass sie einander dazu inspirierten, die besten Versionen ihrer selbst zu sein, bekloppt wussten sie wiederkauend, dass sie unentschuldbar sie selbst waren«. Da ist also wieder das Kippspiel zwischen Pop-Alltag (Reality TV-Show, Lasagne) und einem seinerseits generisch und urhohl daherkommenden self improvement-talk (sich gegenseitig inspirieren, die beste Version von sich werden), was nach und nach in Ernst kippt, der genau durch diesen Umweg davor gefeit ist, ERNST zu sein: »Leider weiß man das im nichtbekloppten Zustand nicht mehr, dachte Helen, oder man weiß es, aber meint es anders. Man bleibt unentschuldbar man selbst, hält es aber schwerer aus. Man weiß, dass es unentschuldbar ist, sich nicht in etwas anderes zu verwandeln, sondern verheddert zu bleiben.« In Helen spricht hier wohlgemerkt die Künstlerin (N.B: Stammt sie nicht direkt aus Leif Randts Debütroman »Leuchtspielhaus«?).

Depressionsthematik und dysfunktionale Familien lauern auch hier im Hintergrund, werden aber nicht als Memoir zelebriert. Die Folie bleibt vielmehr Pop, der im Fall von Lenell in Gestalt von Schutzpatron Eminem erscheint. »Seit den späten 1990er-Jahren hatte er sich anerkannt gefühlt in dessen Musik. [...] Eminem hatte seinen Kernschwund verlangsamt«. Eine ähnlich existentielle Erfahrung mit Eminem beschreibt auch die Schriftstellerin Antonia Baum, und zwar trotz dessen mitunter »extrem misogyner, homofeindlicher Texte«. Eminem, der aller »Scheinheiligkeit« entgegentritt und in dessen comichaft-grellem Spiel zwischen den Versionen seiner selbst – Marshall Mathers, Slim Shady und eben Eminem – es immer auch ums »Haben und Bezwingen der Angst« geht. »You better lose yourself to the music/The moment, you own it/you better never let it go/You only get one shot, do not miss your chance to blow/This opportunity comes once in a lifetime, yo«.

»Mini hat genug«, heißt es in Barbi Marković́s »Minihorror«, dem Preistext der Leipziger Buchmesse. »Sie sagt, steckt euch eure langwierigen generationenübergreifenden Familienstorys in den Arsch. Mir ist wurscht, welchen Beruf euer Großvater hatte. Damit beleidigt sie viele Menschen.« So lautet der zweitletzte der 105 zusätzlichen »Horrors mit Miki und Mini«, die das Buch als Bonusmaterial zu seinen eh schon kurzen Erzählungen um das Leben eines Wiener Pärchens anhängt. Mini ist Schriftstellerin und stammt, wie die Autorin, aus Belgrad, Miki aus der Steiermark, und fährt man von Wien aus auf Elternbesuch, so verkörpern sich insbesondere die wörtlich genommenen Metaphern von Identität und Heimat (sprich: die Familienstorys) zu grausigen Szenarien.

Übrigens war 2024 in Leipzig erstmals auch ein richtiger Comic in der Rubrik Belletristik nominiert, Anke Feuchtenbergers (autobio-)grafische Erzählung »Genossin Kuckuck«. In generell eher dunkler Färbung sind es auch hier Tiere, die diesmal eine Kindheit in der DDR mythisieren: Hunde, Schweine, Eulen, Füchse und vor allem äußerst eindrückliche Nacktschnecken. Bei der Gesprächsrunde mit den Shortlist-Autorïnnen auf der Buchmesse kam es zu einer bemerkenswerten Szene: Feuchtenberger verwehrte sich heftig dagegen, mit Dingen wie »Mickey Mouse« auch nur assoziiert zu werden, was wiederum Marković gar nicht gefiel, die, wie angeblich alle ihrer Generation in Serbien, mit Disney-Comics sozialisiert wurde.

Die kleine Kontroverse bezeichnet auch eine Differenz im Zeit-Regime. »›Genossin Kuckuck‹ ist zwischen 2009 und 2023 entstanden«, erfährt man hinten im Buch. Da hat sich, wird uns versichert, sehr langsam die volle Schwere eines schweren Lebens in schwere Kunst verwandelt. Die über hundert Bonus-Skripte in »Minihorror« signalisieren das Gegenteil: raschen Zugriff, serielles Verfahren, Leichtigkeit. Wie in den Comics, an die ihre Namen erinnern, können Mini und Miki denn auch immer wieder von vorn ansetzen. So entstehen lauter »Mini-Mythen« – der Begriff stammt aus der »Hasenprosa«, scheint aber die fehlende Gattungsangabe zu Markovićs Mäuseprosa nachzuliefern. Und das ist dann doch wieder ziemlich Pop (es gibt bei Residenz auch T-Shirts!).

»Ein schneller Text. Und weg damit.« heißt es auch in Wolf Haas' »Eigentum«. Was man definitiv nicht mehr lesen wollte, nicht mehr sehen und hören konnte, waren Texte über die sterbenden Eltern von Autorïnnen, Starren auf Krankenhausbetten, Familiengeschichte etc. Hier aber kommt der Pop-Altmeister, macht es trotzdem und wirft mit seinem Roman über die sterbende Mutter alles über den Haufen. »Bis zum Begräbnis bin ich fertig, und dann bin ich es los.« Das ist erfreulich deftig angesichts des fast zombiehaft Untoten, mit dem sterbende Mütter in wer weiß wie vielen der eingereichten Texte für den Deutschen Buchpreis herumgeisterten. Wie ein Kommentar dazu wirkt Markovićs Mini-Mythos 99: »Miki erfährt, dass Mini krank ist und bald sterben muss. Er fängt den Tod in einem Glas (es ist eine altbekannte, aber umstrittene Technik). Jetzt kann Mini nicht sterben. Auch andere Leute schaffen den Übergang nicht mehr und liegen in Haufen an Straßenecken«.

Die Leitfrage lautet: »Kann man vom Leben schreiben?« (als Umkehrung seiner Umkehrung!). Kames, Marković und Haas zeigen: Man kann! Sehr gute Autofiktion ist (immer noch) möglich, wenn sie nämlich vom Literarischen her gedacht und gemacht ist – und nicht umgekehrt; will sagen: als sublimierter Pop, und also auch mit Listen. Gleich eingangs fragt die die 95-jährige Mutter den Sohn in »Eigentum«, ob es ihren Eltern gutgehe, und der Sohn lügt sich ein wenig aus der Sache, indem er behauptet, allen gehe es gut, nur der Vater habe einen Schnupfen.

> »›Bestimmt hat er sich in der Werkstatt verkühlt‹, sagte sie in einem gemischten Tonfall. Halb vorwurfsvoll, halb mitfühlend. Wobei auch die mitfühlende Hälfte wiederum aus zwei Hälften bestand. Ich musste an die berühmte Tractatus-Nummerierung denken, die einen mit so viel Klarheit umnebelt:
> 1. Der Tonfall der sterbenden Mutter kommentiert die Erkältung ihres längst verstorbenen Vaters.
> 1.1. Der Tonfall der sterbenden Mutter ist zur Hälfte vorwurfsvoll (gegen den Erkälteten).
> 1.2. Zur anderen Hälfte ist der Tonfall der Mutter mitfühlend (zugunsten des Erkälteten).
> 1.2.1. Die mitfühlende Hälfte besteht ihrerseits aus zwei Hälften.
> 1.2.1.1. Zur einen Hälfte ist die mitfühlende Hälfte mitfühlend.
> 1.2.1.2 Zur anderen Hälfte ist die mitfühlende Hälfte abermals vorwurfsvoll. (Prinzip der Rekursivität)«

Verheddert bleiben – nur so lässt sich von dem schreiben, wovon man eigentlich schweigen müsste. In diesen gemischten Empfindungen und Tonfällen, paradigmatischen Schichtungen und modalen Abschattungen feiern wir das, was Pop der Literatur heute nach wie vor gibt – und wir möchten bitte bald wieder ein Buch von Lisa Krusche lesen! ◆

▸ Antonia Baum: Eminem. Köln 2020.

▸ Anke Feuchtenberger: Genossin Kuckuck. Ein deutsches Tier im deutschen Wald. Berlin 2023.

▸ Joshua Groß: Plasmatropfen. Roman. Berlin 2024.

▸ Wolf Haas: Eigentum. Roman. München 2023.

▸ Maren Kames: Hasenprosa. Roman. Berlin 2024.

▸ Barbi Marković: Minihorror. Wien 2023.

▸ Leif Randt: Leuchtspielhaus. Roman. Berlin 2010.

2PACS BEERDIGUNG UND REALNESS-PSYCHOSE

Joshua Groß

◆

Im Spätsommer des Jahres 1996 verließ ich das Mehrfamilienhaus, in dem ich mit meinen Eltern und meinen Schwestern wohnte, durchquerte den Garten und ging durch das Holztürchen hinaus auf die Felder. Wir lebten am Ortsende. An der Hagenhausener Straße, die ins nächste Dorf führt, standen Altglascontainer und ein Umspannhaus. Die Altglascontainer waren verwittert; es war ihnen nicht mehr möglich, die Sonnenstrahlen zu reflektieren. Beinahe konnte man meinen, sie würden sich wegducken vor der Ozonbelastung. Ich selbst durfte wegen der Ozonbelastung erst nachmittags rausgehen. Die Farben der Altglascontainer waren geduckte Farben: geducktes Weiß, geducktes Grün, geducktes Braun. Das Umspannhaus war ein Fertigbau, beige bemalt, ebenfalls geduckt in der Ozonbelastung. Was nicht geduckt war, waren die Grashüpfer. Was nicht geduckt war, waren die kreisenden Bussarde. Was nicht geduckt war, war der sich auflösende Himmel. Ich, der ich ausgerüstet war mit einem Taschenmesser und einem Kompass, schlug mich in den Wald.

Gerade war ich sieben Jahre alt geworden. Ich hatte meine Oma, die meinen Vater einst zur Adoption freigeben musste, kennengelernt. Ich hatte meine kleine Schwester, die zu früh geboren war, im Brutkasten liegen sehen.

Aber das wichtigste Ereignis in meinem jungen, somnambulen Leben sollte sich an jenem Nachmittag vollziehen. Schon im Kindergarten hatte ich begriffen, dass ich exzessiv zu Mimikry neigte. Ich ertappte mich im Stuhlkreis dabei, wie ich Körperhaltungen und Gesten anderer Kinder übernahm, begriff, dass ich mich tagelang in ihren Bewegungen bewegte. Als ich es bemerkte, kam ich mir falsch vor. Ich fragte mich, welche Gesten ich nachahmungslos ausführen könnte. Ich wusste es nicht. So lief ich in den Wald, als Mangel an eigenen Bewegungen, als Ozonrebell. Aber nicht als geduckter Mangel. Der Wald war ein Mischwald, zumindest stellenweise. Es gab auch Gebiete mit schnurstracks gepflanzten Fichtenreihen – wenn man auf der Autobahn an diesen Reihen vorbeifährt und in den Wald schaut, denkt das eigene Hirn, die Weltsimulation sei ins Stocken geraten und könne sich nur ruckhaft vollziehen.

Die Sonnenstrahlen eskortierten sich durch die Blätterschichten. Ich eskortierte mich durchs Unterholz. Meine Füße knisterten auf den ausgetrockneten Fichtennadeln. Ich kam zu einer Lichtung, die ich oft aufsuchte. Dort hatten sich massenweise Borkenkäfer versammelt. Ich setzte mich zu ihnen ins Gras. Würde man das Licht als geducktes Licht bezeichnen, nur weil es dottrig war, weil es sich entgelblichte zum Abend hin, weil es eindickte und gleichzeitig sein Verschwinden enthielt?

Nach einer Weile merkte ich, dass ich die Gespräche der Borkenkäfer verstehen konnte. Vorsichtig fragte ich die Borkenkäfer, warum sie sich hier versammelt hatten. Die Borkenkäfer fragten: Kennst du 2Pac? Ich verneinte. Sie erzählten mir, dass 2Pac vor ein paar Tagen erschossen worden war. Ich fragte: Wer ist 2Pac? Ein Rapper, sagten sie. Was ist geschehen?, fragte ich. Die Borkenkäfer sagten: 2Pac hat in Las Vegas den Schwergewichtskampf von Bruce Seldon und Mike Tyson besucht, im MGM Grand Hotel. Anschließend ist es in der Lobby zu einer Prügelei gekommen. Warum?, fragte ich. Gangstreitigkeiten, sagten die Borkenkäfer. Raubüberfälle, sagten sie. Sie sagten: Es war eine warme Nacht in Las Vegas, deswegen wollte 2Pac seine schusssichere Weste nicht anziehen. Gemeinsam mit Suge Knight ist er später zu einem Club gefahren, in einem schwarzen BMW 750i. 2Pac saß auf dem Beifahrersitz. An der Kreuzung von Flamingo Road und Koval Lane mussten sie an einer roten Ampel halten. Kurz darauf näherte sich ein weißer Cadillac, aus dessen hinterem Fenster das Feuer eröffnet wurde. 2Pac wurde von vier Kugeln getroffen, unter anderem in seinem rechten Lungenflügel. Irgendwie hat es Suge Knight geschafft, rückwärts wegzufahren, obwohl ein Reifen des BMWs kaputt war. Ein Rettungswagen kam und brachte sie ins Krankenhaus. Fast sechs Tage lang lag 2Pac im künstlichen Koma, sagten die Borkenkäfer zu mir.

Die Borkenkäfer erzählten mir von sengenden Nächten in Las Vegas, von staubigen Straßen mitten in der Wüste, von dunklen Bergen ringsum, von leuchtenden Billboards, von Neonreklamen, von Springbrunnen. Hör zu, sagten die Borkenkäfer, vielleicht wirst du nie nach Las Vegas kommen, wir aber waren dort. Sie erzählten von Schweiß, der dickflüssig von Körpern läuft, der beim Austritt aus den Poren schlagartig zu Sirup wird. Ich hätte sagen können: Ihr seid Borkenkäfer, was wisst ihr von Schweiß? Aber ich sagte nichts. Ich dachte an 2Pacs Körper im künstlichen Koma. Ich dachte an meine kleine Schwester im Brustkasten. In mir atmete ein trauriger Mensch. Ich fragte mich, inwiefern sich künstliches Koma und Brustkästen voneinander unterscheiden würden. Beides waren dominosteinhafte Anbauten ans Leben. Ich rupfte selbstvergessen Gräser aus ihren Wurzelverankerungen und konnte nicht hören, was die Borkenkäfer über Las Vegas in der Nacht sagten.

Doch ich konnte es hören. Sie sagten, es gebe nichts Echteres als Las Vegas in der Nacht. Ich schaute auf.

Dann sagten die Borkenkäfer, dass sie unter Realness-Psychose leiden würden. Ich fragte sie, was das bedeute. Ich wusste weder, was Realness war, noch wusste ich, was Psychose sein sollte. Die Borkenkäfer waren verdutzt. Sie berieten sich. Schließlich sagten sie, Realness bedeute nicht anderes als zu beharren. Man würde vorsätzlich beharren, man würde prinzipiell auf der Richtigkeit beharren. Auf welcher Richtigkeit?, wollte ich wissen. Auf der Richtigkeit von allem, sagten die Borkenkäfer verschämt. Aber pass auf, fügten sie hinzu, Psychose bedeutet in diesem Fall: krankhaftes Beharren, übersteigertes Beharren, notorisches Beharren, unglückliches Beharren, maßloses Beharren. Die Borkenkäfer sagten, sie seien so ähnlich wie Las Vegas in der Nacht. Kann sein, sagte ich. Ich zupfte weiterhin Gräser aus ihren Wurzelverankerungen und dachte dabei an meinen neuen Behelfsopa, von dem ich wollte, er würde mein richtiger Opa werden, und ich dachte daran, dass er, als er so alt gewesen war wie ich damals, angeblich Grashalme über vierzig Meter weit im Wind fliegen lassen konnte, am Hügel hinter dem Internat in Marktredwitz. Zumindest hatte er es mir so berichtet. Ich warf meine Gräser stümperhaft über die Lichtung und beließ die Borkenkäfer in ihrer Realness-Psychose.

Bald darauf gerieten die Borkenkäfer in Aufregung. Ich blickte mich um. Viele tausend Borkenkäfer hievten einen Sarg, den sie selbst angefertigt hatten, auf die Lichtung. Der Sarg sah aus wie ein Brutkasten. Im Sarg befand sich der Leichnam von 2Pac. Der schöne, abgesehen von den Einschusslöchern unversehrte Leichnam; der Leichnam ohne rechten Lungenflügel. Da passierte es, dass ich mich in 2Pac verliebte – in das, was er in diesem Moment war; in alles, was er jemals sein wollte. Dieses Verlieben wiederholt sich seither immer, wenn ich ein Bild von 2Pac sehe. Ich erhob mich. Ich lief zum Sarg. Plötzlich fühlten sich meine Bewegungen notwendig an. Wie ich über die Lichtung lief, erfasste auch mich ein Anflug von Realness-Psychose. Aber ich besann mich. Ich schüttelte ihn ab, den Anflug, und schwor mir, nie wieder an Realness-Psychose zu leiden.

So kam es jedenfalls, dass ich der Beerdigung von 2Pac beiwohnte, der wahrhaftigen Beerdigung, die im fränkischen Reichswald stattfand, wo wir meinen, 2Pac wäre nie beerdigt worden. Die Borkenkäfer widmeten sich ihrer Aufgabe heilig und übersteigert und angemessen. Sie hatten einen Ghettoblaster, Picture me rollin‘ drang über die Lichtung. Auf meiner Schulter landete eine Stechmücke, aber sie stach mich nicht.

Später wurde der Sarg, der wie ein Brutkasten aussah, in eine Vertiefung gelassen. Ich sah zu, wie die Borkenkäfer fürsorglich Erde über den Sarg schichteten. Ich fühlte mich fassungslos, lungenlos beinahe. Die Borkenkäfer gerierten sich als Gangmitglieder, sie brüllten »Westcoast« in den einsinkenden Abend. Der Abend sank rot über den Bäumen ein, obwohl sich der Himmel zuvor schon aufgelöst hatte.

Die Borkenkäfer wollten mich nicht gehen lassen. Sie wurden melancholisch. Ich wusste, dass ich eigentlich heimlaufen sollte, zum Abendessen, um meine Mutter nicht zu verschrecken. Ich fragte mich, ob die Beerdigung von 2Pac ein triftiger Grund war, um Abmachungen zu verletzen; ein Grund, der gelten würde. Die Borkenkäfer beschwichtigten mich, während ich an 2Pacs Grab saß. Ich war müde geworden. Ich versuchte, den Borkenkäfern zuzuhören.

Sie sagten: Hör mal, weißt du eigentlich, was unsere Pflicht ist? Nein, sagte ich. Die Borkenkäfer sagten: Fast niemand weiß von unserer Pflicht. Es ist so. Die Jahrzehnte sind Bäume. Jedes Jahrzehnt ist ein Baum. Es gehört zu unseren Pflichten, aus allen möglichen Bäumen die richtigen Bäume herauszufiltern und sie abzufressen. Wir fressen sie ab, einen Baum nach dem anderen. Die Jahrzehnte dürfen nicht übrigbleiben. Wir dürfen uns nicht irren in den Bäumen. Wir sind es, die den Lauf der Geschichte überwachen. Verstehe, sagte ich, obwohl ich nichts verstand. Sie sagten: Stell dir vor, wie es ist, ein Borkenkäfer zu sein. Ich tu's, sagte ich, obwohl ich es nicht tat. Die Borkenkäfer sagten: Stell dir vor, wie du aus einem Ei schlüpfst, in einem finsteren, vorgefertigten Gang, in einem klaustrophobischen Gang, tief in der Rinde. Stell dir vor, wie du aufwächst in den sinnlosen Gängen, die deine Vorfahren geschaffen haben, wie du verdammt bist, durch ihre Gänge zu kriechen, dich zu verhalten in ihren Strukturen. Stell dir vor, dass deine Zähne zu schwach sind, um andere Auswege zu generieren. Du kannst die bestehenden Gänge nur etwas weiter ausfressen, das nennen wir Reifungsfraß.

Unsere Pflicht macht uns paranoid, sagten die Borkenkäfer. Ständig haben wir Angst, die falschen Bäume abzufressen, den Lauf der Geschichte zu verwirren. Unsere Sorge ist, dass die tatsächlichen Jahrzehnte teilweise unbeschadet in den Wäldern stehen und weiterwachsen. Unsere Sorge ist, dass die Jahrzehnte unantastbar ins Zukünftige ausarten, unbehelligt, uneingedämmt, ohne dass wir es verändern können.

Warum könnt ihr es nicht verändern?, fragte ich.

Wenn wir die falschen Bäume abfressen, umhüllen sich die tatsächlichen Jahrzehnte mit einem kaum wahrnehmbaren Abwehrzauber, sagten die Borkenkäfer.

Ich fragte: Wie wollt ihr herausfinden, ob es stimmt?

Wir können es nur prüfen durch synchronisierte Massenangriffe auf den gesamten Wald, sagten die Borkenkäfer, wenn Bäume übrigbleiben, haben wir versagt.

Ich fragte: Wie würde das aussehen?

Der Massenangriff?, fragten die Borkenkäfer.

Das Versagen, antwortete ich.

Wie ein Gemälde von Maria Lassnig, sagten die Borkenkäfer. Ein Schlachtfeld, in dem unversehrt ein paar wenige Kiefern wachsen. Die Farben würden sich anfühlen wie der Geruch von Spargelurin, wie die Konsistenz von Leberwurst. Es wäre ein trauriges Gemälde, sagten die Borkenkäfer, das Gemälde eines Irrtums.

Ich fragte: Wer ist Maria Lassnig?

Die Borkenkäfer schauten sich gegenseitig an.

Eine Malerin, sagten sie.

Ach was, antwortete ich.

Ich konnte das schlechte Gewissen, das ich meiner Mutter gegenüber verspürte, nicht mehr unterdrücken. Wie sollte ich ihr erklären, was ich erlebt hatte? Vor allem: was würde es für einen Unterschied machen? Ich verabschiedete mich von den Borkenkäfern und lief zurück durch den Wald; vorbei an den Bäumen, die womöglich Jahrzehnte oder womöglich Nichtjahrzehnte waren; zurück zu meiner kleinen Schwester, die nicht mehr im Brustkasten lag, zurück zu meiner anderen kleinen Schwester, zurück zu meinen Eltern – durch die finsteren, vorgefertigten Gänge. Sirup floss aus meinem Körper.

Schließlich erreichte ich den Waldrand. Die Ozonbelastung war weniger geworden, das spürte ich. Aber die Stechmücke saß noch immer auf meiner Schulter.

◆

JAZZGPT

Gesellschaftspolitisch progressive Jazzgeschichtsschreibung im Zeitalter der Maschine

Frédéric Döhl

Im Jahr 2023 ist »The Routledge Companion to Jazz and Gender« erschienen. Es handelt sich in der internationalen Forschung nach »The Routledge Companion to Jazz Studies« (2019) um den zweiten dicken Sammelband binnen kurzer Zeit. Und ein dritter Teil ist bereits für das kommende Jahr angekündigt, »The Routledge Companion to Diasporic Jazz Studies« (2025).

Das hat es lange nicht gegeben in der Jazzforschung – die letzte Welle an Sammelbänden mit breitem Impact liegt um 2000 –, vor allem nicht in diesem Umfang. Zusammen wird es diese Routledge-Trilogie auf über 1.500 Seiten mit über 120 Artikeln bringen. 38 davon im »The Routledge Companion to Jazz and Gender«. Schritt für Schritt versammelt sich hier der aktuelle Stand der Dinge eines Forschungsfeldes, das sich Anfang der 1990er Jahre zu formieren begonnen hatte und dem Mark Tucker 1998 mit seinem Review-Text »Musicology and the New Jazz Studies« im »Journal of the American Musicological Society« seinen Namen verpasste: New Jazz Studies.

Ausgangspunkt war und ist bis heute das, was Scott DeVeaux 1991 in »Constructing the Jazz Tradition: Jazz Historiography«, dem meistzitierten Aufsatz der jüngeren Jazzforschung, die »official history of jazz« nennt. Gemeint ist damit, wie Bruce Johnson und Adam Havas jüngst so treffend in der Fachzeitschrift »Popular Music and Society« zusammenfassten: »The basic canonical, U.S.-centric jazz narrative is enclosed by such boundaries as blackness, masculinity, canonical aesthetics, and textuality, prised open occasionally to admit a new ›master‹« (2022, S. 201).

Dass der Fokus hierauf zu liegen habe und dabei auf einem engen Verständnis von Jazz als Kunstmusik, hatte sich im Verlauf der 1980er Jahre zementiert über die Curricula der an Zahl stetig zunehmenden akademischen Jazzstudien-Programme und den Lehrmaterialien dazu (DeVeaux' Untersuchungsgegenstand) sowie durch den Jazz Preservation Act von 1987, der Jazz in den USA zu nationalem Kulturerbe erhebt, und die millionenschwere Gründung von »Jazz at Lincoln Center« in New York unter dem spiel- und wortgewaltigen Trompeter und Traditionalisten Wynton Marsalis.

Zumindest ein gewichtiger Teil der Jazzinteressierten verteidigt diese »official history of jazz« auch bis heute – oft mit Vehemenz. Erst jüngst, 2023, hat z.B. Peter Kemper den Beginn seines gut 750 Seiten starken Buchs »The Sound of Rebellion. Zur politischen Ästhetik des Jazz« mit den Worten überschrieben: »Soundtrack afroamerikanischer Emanzipation«. Kempers Buch ist ein gesellschaftspolitisch leidenschaftlicher Ritt durch die Jazzgeschichte. Reich an dem, was es über die Menschen erzählt, die Jazz machen, aber vergleichsweise sparsam in dem, was es über ihre Musik sagt. Ein typisch journalistisches Buch. Freundlich formuliert: allgemeinverständlich.

Kemper steht dabei mitnichten allein mit seinem Blickwinkel. Das traditionelle Narrativ, Jazz als nicht nur originär, sondern primär schwarze Kultur zu erzählen, hat zuletzt wieder spürbar Aufwind bekommen im Windschatten der #blacklivesmatter- und #culturalappropriation-Bewegungen. Aber auch die jüngeren Aktualisierungen der klassischen Überblickswerke zur Jazzgeschichte von Joachim-Ernst Berendt (fortgeführt durch Günther Huesmann 2005) bis Mark C. Gridley ([11]2014) wie die großdimensionierten jüngeren anglo-amerikanischen Versuche einer kohärenten, im Auftreten autoritativen Geschichte des Jazz von Lewis Porter/Michael Ullman/Ed Hazell (1993) und Ted Gioia (1997, [2]2011, [3]2021) über Ken Burns/Geoffrey C. Wald (2000), John Szwed (2000), Alyn Shipton (2001, [2]2007), Henry Martin/Keith Waters (2002, [2]2005, [3]2012) und Scott DeVeaux/Gary Giddins (2009, [2]2015) bis Benjamin Bierman (2016, [2]2019), David P. Szatmary (2021) und Richard J. Lawn (2007, [2]2013, [3]2024 – mit Justin G. Binek) sind hiervon weiterhin geprägt.

Die »official history of jazz«, die DeVeaux 1991 zu dekonstruieren sucht, ist also nicht nur nach wie vor stark. Mehr noch schlägt derzeit das Pendel wieder verstärkt in ihre Richtung zurück. Wie in vielen Gesellschaftsbereichen. Zurück zu bewährten Wahrheiten, Hierarchien und Metanarrativen.

Wobei Jazz freilich das Bild eines besonders spannenden, da komplizierten Beispiels abgibt. Denn progressiv und reaktionär verbinden sich in seinem Fall in der jenseits der New Jazz Studies dominierenden historiografischen Sichtweise, für die vor allem das zählt, was männliche, heterosexuelle, USA-geborene, schwarze Helden musikalischer Kunst im Dienst eines Widerstands- und Emanzipationskampfes um soziale Anerkennung afroamerikanischer Kultur leisten.

Warum die Dinge so zu sehen im selben Atemzug zugleich fortschrittlich und neokonservativ ist, dafür steht schon die Existenz eines umfangreichen Sammelbandes wie »The Routledge Companion to Jazz and Gender«. Denn sensibel gegenüber der Diskriminierung schwarzer Männer heißt noch lange nicht, sensibel gegenüber der Diskriminierung von Frauen zu sein. Und aus anderen Blickwinkeln legen die beiden Routledge-Schwesterbände ebenfalls die Finger in Wunden, die diese »official history of jazz« auch an anderer Stelle reißt.

Der Grund dafür, eine im Vergleich hierzu andere Art Jazzgeschichte erzählen zu wollen, ist darin zu suchen, dass Jazz sich schon zu DeVeaux' Zeit um 1990 viel zu sehr globalisiert und diversifiziert hat, als dass er sich in der romantischen Erzählung vom männlichen, heterosexuellen, USA-geborenen, schwarzen Aufstiegsheldenkünstler erschöpfen würde. Viel zu viel bliebe außen vor, was Jazz ausmache, so der breite Tenor in den New Jazz Studies. Oder wie Ben Ratliff es am 7. Januar 2001 in seiner »New York Times«-Rezension von Ken Burns berühmt-berüchtigter 20-stündiger TV-Dokumentation »Jazz« ausdrückt: »Whether you agree with him or not, consider the fact that jazz, at one time, could be defined by a single notion. For the last 45 years, jazz has fishtailed all over the place. It has been, among other things, working-class beer-joint music; poker-faced avantclassical composition; cultural rebellion for pre- and post-hippies; an acceptably melodious background music for the red-suspender crowd; piercingly electric; soothingly acoustic. It has also been a manifesto of futurism and of aesthetic retreat; solo clarinet and full brassy orchestra; swinging and un-swinging; American and Russian; black and white and everything in between.« Das gilt heute mehr denn je.

Was Ratliff hier umschreibt, ist daher zugleich das, was man die Forschungsperspektive der New Jazz Studies nennen kann. Und das, was schon laut ihren Inhaltsverzeichnissen die eingangs genannten drei Sammelbände einzulösen versuchen. Die New Jazz Studies sind aber keine in sich konsistente Denkschule, weder eine bestimmte Theorietradition noch eine definierte Methodensammlung. Zwischen den Akteuren tritt eine Vielzahl an unterschiedlichen Interessen, Gewichtungen, Herangehensweisen und mitunter auch Widersprüchen zu Tage. Im »The Routledge Companion to Jazz and Gender« wird das offenbar, etwa im jeweils verwendeten Gender-Begriff. So zeigt diese Anthologie die New Jazz Studies vielmehr als eine Haltung, die für eine Musikgeschichtsschreibung im Dienst von Komplexität und Ambivalenz, Diversität und Perspektivreichtum streitet.

Kampf dem Standardwissen! Kampf dem immergleichen Metanarrativ! Kampf der Heroenmusikgeschichtsschreibung! Kampf dem Kanon! Kampf der Suggestion einer zugleich zwingend, logisch und autonom aus sich selbst heraus sich fortentwickelnden Musikgeschichte als Gänsemarsch neuer Genres! Kampf auch dem Primat von Solitranskription und Stilanalyse! Gegen historiografischen Positivismus und musikanalytischen Strukturalismus! Mehr Aufmerksamkeit gegenüber der performativen und medialen Seite von Musik und Musikgeschichte! Mehr methodische Vielseitigkeit und interdisziplinäre Offenheit für zeitgenössische, nicht musikspezifische Theoriebildung in anderen verwandten Fachgebieten wie Soziologie und Philosophie, Literatur- und Kunstwissenschaft, Kultur- und Medienwissenschaft, Postcolonial und Gender Studies! Mehr vergleichende Arbeit zu verschiedenen Musikbereichen! Mehr Fokus auf die sozialen Realitäten! Auf Ensemblearbeit! Auf Interaktion und Teamarbeit! Weniger Jazz als autonome Kunstmusik, mehr Markt- und Popkulturoffenheit wagen! Mehr Fokus auch auf das Vergessene und im Schatten Verbliebene legen! Überhaupt mehr Pluralismus und Diversität anerkennen! Mehr Raum für Frauen! Für LGBTQ! Für nichtamerikanischen Jazz! Für Minderheiten jeder Art! Auch für stilistische Nebenstränge und Einzelgänger! Aber genauso für stereotype Praktiken und austauschbare Massenware! Mehr Interesse auch am Zusammenspiel mit anderen Musikbereichen, ja Kunst- und Kulturgebieten! Mehr Oral History der Betroffenen auch, insbesondere der Musikerinnen und Musiker!

Eine dieser Erzählperspektiven greift nun der »The Routledge Companion to Jazz and Gender« schwerpunktmäßig auf. Und den Zeitgeist kann man direkt an der kurzen Einleitung der Herausgeberïnnen ablesen, die sich primär damit beschäftigt zu erklären, warum man den Gender-Begriff nicht in einem binären Sinne versteht. Queere Akteure spielen daher genauso eine Rolle in den Artikeln des Bandes wie Topoi von Männlichkeit und Weiblichkeit. Soziale Ordnungen werden genauso untersucht wie global-regionale Besonderheiten. Herausforderungen für Musikpädagogik und Musikwettbewerbe genauso wie solche für Musikwirtschaft und Aufmerksamkeitsökonomie. Oder die Frage, ob Gender überhaupt und wenn, inwiefern einen Unterschied macht für das Machen wie das Hören von Jazz. Dabei trifft man auf die Namen von zahllosen Jazzmusikerinnen, von denen auch viele Expertïnnen noch nie gehört haben werden, weil sie in der »official history of jazz« nicht einmal en passant eine Rolle spielen, in der Frauen nach dem »Die Ausnahme bestätigt die Regel«-Prinzip abseits von Sängerinnen bis heute nur ausnahmsweise eine Rolle spielen. Vielleicht ein paar Worte hier und da zu Mary Lou Williams oder Melba Liston, Carla Bley oder Alice Coltrane, Maria Schneider oder Esperanza Spalding, vielleicht Vi Redd oder Mary Halvorson. Aber der Trend ist stabil. Nichtsingende Frauen bleiben Randerscheinungen. Auch deswegen gibt es ein Buch wie »The Routledge Companion to Jazz and Gender«. Der Band vertieft und vor allem verbreitert dabei den Zugang zum Thema Jazz und Gender, den schon »The Routledge Companion to Jazz Studies« verstreut über den ganzen dortigen Band immer wieder eröffnet, wiederum aufbauend auf älteren Pionierarbeiten zu Jazz und Gender von Wissenschaftlerinnen wie Sherrie Tucker, Kristin A. McGee, Nichole T. Rustin, Marie Buscatto oder Ingrid Monson.

Das Interessante hieran ist nun nicht, den Protagonisten der »official history of jazz« vorzuhalten, sie blieben anhaltend beratungsresistent und hierin reaktionär. Und diese aufzufordern, doch endlich den neuen Forschungsstand zur Kenntnis zu nehmen. Auch wenn es natürlich jeder und jedem freisteht, an sich selbst zu prüfen, welche der Künstlerinnen man kennt und nach Auseinandersetzung mit ihrem Schaffen für historiografisch relevant erachtet, die als eine der angeblich »many notable instrumental performers« aufgelistet sind unter https://en.wikipedia.org/wiki/Women_in_jazz – und dann für diese einzutreten.

Das Interessante ist vielmehr, dass zeitlich parallel zum »The Routledge Companion to Jazz and Gender« eine Zäsur stattgefunden hat: Die Veröffentlichung von Chatbots wie ChatGPT, Perplexity oder Consensus, die Studierende an Universitäten wie meiner Alma Mater, der Freien Universität Berlin, inzwischen legal nutzen dürfen, um Musikgeschichte zu schreiben, von Haus- bis Abschlussarbeiten.

Das hat weitreichende Folgen, mit denen ich ringe: Wie bewerte ich künftig was? Müssen sich die Aufgabenstellungen ändern? Die Prüfungsformen auch? Was soll eigentlich überhaupt noch unter diesen Bedingungen an historiografischen Fertigkeiten und Resultaten geprüft werden? Und vor allem: Was eigentlich noch gelehrt? Für welche Art Musikgeschichtsschreibung möchte ich meine Studierenden denn unter den neuen Vorzeichen noch ausbilden, geschweige denn begeistern? Welche möchte man denn selbst noch schreiben? Und umgekehrt lesen, hören, sehen und erleben? Wo braucht es vielleicht jetzt erst recht eine handgemachte Musikgeschichtsschreibung mit individueller Stimme, die von ChatGPT & Co. nicht einfach ersetzt werden kann und wird?

In meinem neuen Buch »Jazz 1959« (transcript 2024) setze ich mich ausführlich damit auseinander. Und eine Frage, die ich dort exemplarisch herausgreife und teste, ist die nach Jazz und Frauen, die bei aller Differenzierung des Gender-Begriffs auch im »The Routledge Companion to Jazz and Gender« nach wie vor das Hauptfeld der dort ausgebreiteten Forschung zum Gebiet des Sammelbandtitels ausmacht.

Testet man ChatGPT & Co., zeigt sich etwas Verblüffendes. Die Chatbots treten in ihren Antworten auf, als würden sie die »official history of jazz« vertreten, tun dies aber in einer Weise, als hätten diese die Arbeit der New Jazz Studies zu Jazz und Gender in sich aufgesogen. Das ist unzutreffend, aber nicht alles, was passiert. Fragt man z.B. ChatGPT »Are women relevant to the history of jazz?« und »Are there any important albums by women instrumentalists in the history of jazz?«, erhält man folgende Rückmeldungen:

»Absolutely, women have played a crucial and influential role in the history of jazz. While the genre has often been male-dominated, numerous talented and innovative female musicians have made significant contributions. Here are just a few examples: 1. Ella Fitzgerald: Often referred to as the ›First Lady of

Song‹ or the ›Queen of Jazz‹, Fitzgerald was one of the greatest jazz vocalists of all time. Her career spanned several decades, and she won numerous awards for her contributions to jazz and popular music. [...] Many women instrumentalists have created influential and groundbreaking jazz albums throughout history. Here are some notable examples: 1. Mary Lou Williams – ›Zodiac Suite‹ (1945): Pianist and composer Mary Lou Williams recorded this suite, which reflects her versatility and innovative approach to jazz composition. [...] 9. Geri Allen – ›The Printmakers‹ (1984): Pianist Geri Allen made significant contributions to the jazz world, and this album features her trio, The Printmakers, in a collaborative and exploratory setting. 10. Renee Rosnes – ›For the Moment‹ (1986): Pianist Renee Rosnes has a prolific career in jazz, and this early album highlights her skillful playing and compositional talents. These albums represent just a small selection of the many important contributions by women instrumentalists in jazz. Each artist brings her own unique voice, style, and innovation to the genre, contributing to the rich tapestry of jazz history.«

Hier überzeugt natürlich der zeitgemäß aufgeschlossen-gleichberechtigt wirkende Ton der Rückmeldungen von ChatGPT. Wohlfühlantworten. Die durch nichts misstrauisch machen. Als ob schon die bloße Annahme bei der Formulierung der Fragestellungen, es könnte im Jazz Chauvinismus geben, ein Affront wäre. »Absolutely«. »Certainly«. So beginnen die Antworten. Als ob es keinen Zweifel daran geben könne. Als hätten die New Jazz Studies ihr Ziel erreicht. Und die Jazzgeschichte umgeschrieben.

Unabhängig von Detailfragen suggerieren die beiden exemplarisch zitierten Chatbot-Antworten, dass das Thema Frauen im Jazz als solches unproblematisch und unkontrovers sei. Aber das ist falsch, jedoch eine anders gelagerte, schwerer zu erkennende Art Fehler als ein Faktenirrtum. Doch ist bereits die Existenz eines ziegelsteindicken Handbuchs wie »The Routledge Companion to Jazz and Gender« Indiz dafür, dass die Sache tatsächlich ungleich komplizierter liegt. In Wirklichkeit sind bis heute Instrumentalistinnen nur in seltenen Fällen (Co-)Lead von Jazzalben und haben bis auf handverlesene Ausnahmen mit großen Problemen bei der Sichtbarkeit zu kämpfen. Dazu gibt es auch ausführliche statistische Belege und Interviewsammlungen. In »Jazz 1959« habe ich ersteres für dieses ›goldene Jahr des Jazz‹ selbst nachgewiesen. Nur im vokalen Metier ist es seit jeher umgekehrt im Jazz. Keiner der vielen Texte aus Jazzforschung und Jazzjournalismus der vergangenen 30 Jahre, den ich zu Jazz und Gender gelesen habe, teilt daher den letztlich verharmlosenden Habitus von ChatGPT & Co. Das Gegenteil ist der Fall. Deprimierend wenig hat sich verändert, seit »Down Beat« am 9. Januar 1958 titelte: »Is there a place for women in jazz strictly on a merit basis?«

Die handgemachte »official history of jazz« übergeht Frauen. Die Chatbots jedoch gehen weiter: Gut gemeint reklamieren sie eine Bedeutung, die tatsächlich nicht da ist. Für »Jazz 1959« habe ich über 700 Alben allein für die USA zusammengetragen und angehört, die 1959 aufgenommen oder veröffentlicht wurden: Die Zahl der Platten von Instrumentalistinnen bleibt handverlesen.

Versucht man ChatGPT oder andere, wissenschaftsnähere Chatbots wie Perplexity und Consensus durch geschicktes Nachfragen zu provozieren, wie ich es für »Jazz 1959« getan habe, dringt man in den KI-Antworten auch irgendwann vorsichtig zu dieser Erkenntnis durch. Aber selbst dann ist die wohlmeinende Prädisposition der Algorithmen stark. Ohne einen wohlmeinenden Nachsatz wie »It's worth noting that the landscape for female jazz musicians has evolved, and there are many accomplished female jazz instrumentalists today who continue to make significant contributions to the genre« kann man es nicht belassen.

In Sachen Gender tendieren ChatGPT & Co. also dazu, ein komplexes, für die Betroffenen folgenreiches Problem in wohlmeinend formulierten Antworten zu verschleiern und letztlich zu bagatellisieren. Das ist irreführend. Und potenziell folgenschwer für die Betroffenen. Gut gemeint ist eben nicht gleich gut gemacht.

Umso wichtiger bleiben Unternehmen wie »The Routledge Companion to Jazz and Gender«. Die mittlerweile in die Jahre gekommenen Schlachtrufe der New Jazz Studies sind aktueller denn je! Denn es gilt den Informationspool, auf dem die KI-Tools jeweils aufsetzen, zu differenzieren und zu diversifizieren! Um der KI die Sicherheit zu nehmen, was die richtige Antwort ist, indem man nicht nur der »official history of jazz« – und genauso allen anderen von Klassik bis Pop –, sondern auch den dort wohlmeinend eingepreisten Geboten der Political Correctness eine Vielfalt an Metanarrativen entgegensetzt, die der komplexen Lebenswirklichkeit entspricht, mag diese bisweilen auch unerfreulich sein. ◆

▸ James Reddan/Monika Herzig/Michael Kahr (Hg.): The Routledge Companion to Jazz and Gender. New York 2023.

▸ Peter Kemper: The Sound of Rebellion. Zur politischen Ästhetik des Jazz. Stuttgart 2023.

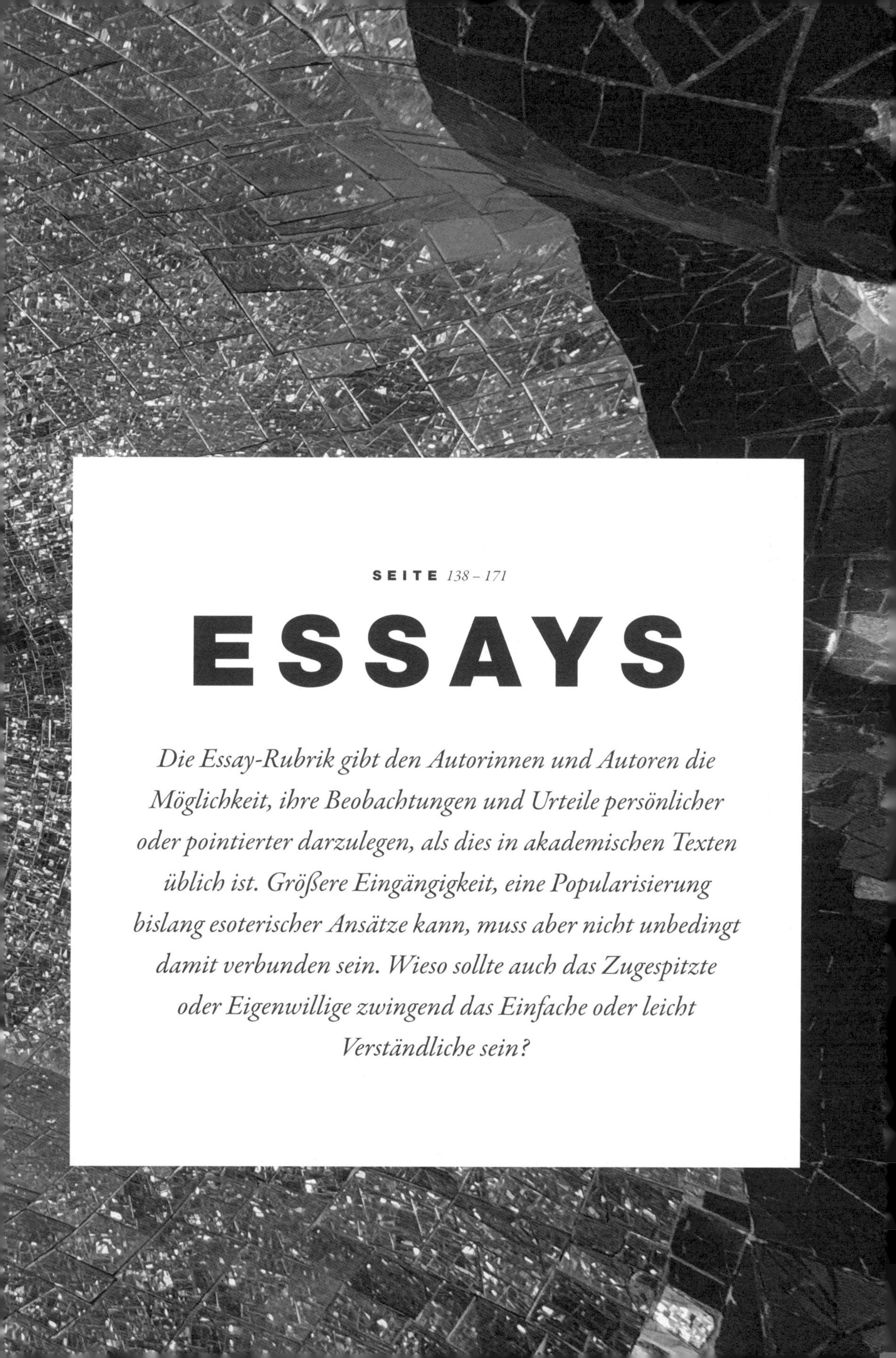

SEITE *138 – 171*

ESSAYS

Die Essay-Rubrik gibt den Autorinnen und Autoren die Möglichkeit, ihre Beobachtungen und Urteile persönlicher oder pointierter darzulegen, als dies in akademischen Texten üblich ist. Größere Eingängigkeit, eine Popularisierung bislang esoterischer Ansätze kann, muss aber nicht unbedingt damit verbunden sein. Wieso sollte auch das Zugespitzte oder Eigenwillige zwingend das Einfache oder leicht Verständliche sein?

AUTORSCHAFT ALS ÄSTHETISCHE PRAXIS

»Who lives, who dies, who tells your story?«

Stefan Krankenhagen

ECHTE GESCHICHTEN

Im Herbst 2022 sorgte der Film »Tár« mit Cate Blanchett in der Hauptrolle als Stardirigentin, deren Karriere durch eigenen Machtmissbrauch befeuert und zerstört wird, für einige Aufregung unter Filmkritikerïnnen und Zuschauerïnnen. Nicht, dass die Mikroaggressionen eines weiblichen Stars in der männlich dominierten Welt der Klassik überzeichnet oder misogyn dargestellt wurden, war Anlass ausufernder Debatten, sondern die Tatsache, dass diese fiktionale Figur historisch nicht echt sei. »No, Lydia Tár is not real«, hieß es im New York basierten Magazin »The Cut« (La Mantia 2022), was eine banale Feststellung für eine fiktionale Figur im Massenmedium Film sein könnte. Man stelle sich eine ernsthaft gemeinte Überschrift aus dem Jahr 1962 vor: »No, James Bond is not real«.

Doch dem war nicht so; im Netz fühlte sich das Publikum des Films berufen, eigene Überzeugungen über die ›realness‹ der Lydia Tár zu teilen – wie auch die entsprechende Enttäuschung im Nachgang des Kinobesuchs: »willing to bravely admit online that I thought Lydia Tár was a real person and the movie was a real biopic until 15 minutes into the post-movie discussion with my husband« (Wilford in LaMantia 2022). Zwanzig und mehr Jahre mit Biopics, True-Crime-Formaten und Cameo-Auftritten von Celebrities haben dazu geführt, dass die Artefakte der Popkultur als historisch verbürgt gelten, als ›history‹, während das, was umgangssprachlich eine gut erzählte Geschichte, ›a good story‹, genannt wird, eine merkwürdige Leere hinterlässt, wie die

Autorin des Artikels feststellen musste. »I've still found myself thinking about the movie nonstop with an unresolved notion running through my brain. After those final credits roll, you can't Google what really happened to Tár because there is no Tár. You're alone with her from here on — a maddening thought indeed« (LaMantia 2022).

Dabei sind Journalist'innen nicht die Einzigen, die sich Gedanken über die Abwesenheit des Referenten in Geschichtsdarstellungen machen – naturgemäß sind es Historiker'innen, die ihre Disziplin daraufhin befragen, wie sich Geschichtsschreibung und Geschichte zueinander verhalten. So stellt Stephan Jaeger in seinem Aufsatz »Geschichte als Wahrnehmungsprozess« (2003) Konzepte moderner und postmoderner Historiografie gegeneinander, um zu erörtern, wer das eigentliche Subjekt der Geschichtsschreibung sei: das stabile Historikersubjekt der Moderne, das die vielfältigen Quellen aus einer externen Position heraus kritisch sortiert und als Geschichte synthetisiert, oder das verstrickte Subjekt der Postmoderne, das keine Außenperspektive jenseits der Diskurse kennt und entsprechend die Möglichkeit negiert, von einer Metaebene aus über den Gegenstand ›Geschichte‹ zu verfügen und sie zu schreiben. Vor diesem Hintergrund formuliert Jaeger die Frage, die meiner Ansicht nach entscheidend für ein Verständnis popkultureller Inszenierungen ist, die aber nicht ohne den Blick auf deren ästhetische Praxis zu beantworten ist: »Welche Subjekte«, so fragt er, »verfügen nun über Geschichte?« (Jaeger 2003: 137).

Meine Überlegungen gehen davon aus, dass in popkulturellen Inszenierungen von Geschichte auf ästhetische Weise eine Unklarheit darüber etabliert wird, wer über Geschichte verfügt, wer die Erzähler'in von Geschichte ist. Anknüpfend an Jaeger könnte ich auch formulieren: Popkulturelle Inszenierungen von Geschichte besetzen die Leerstelle zwischen moderner und postmoderner Historiografie, sie kompensieren die ideengeschichtliche Überlastung der Moderne, das Subjekt der Geschichte zu bestimmen. Dabei ist ein ästhetisches Verfahren, das die Frage, wer Geschichte schreibt, in das Zentrum der Inszenierungen rückt, bis ins 19. Jahrhundert und zur »Wild West Show« Buffalo Bills zurückzuverfolgen oder zu den Selbst-Darstellungen eines Karl May (Greve/Krankenhagen 2017); sie soll hier aber nun am Beispiel des Musicals »Hamilton« verfolgt werden. Ich möchte zeigen, dass die ästhetische Praxis des Musicals jene produktive Leerstelle begründet, die die Frage nach der Autorschaft von Geschichte im Ungewissen hält.

»HAMILTON«

Das Musical »Hamilton«, das 2015 auf dem Broadway Premiere feierte, von dem es seit 2020 eine Verfilmung des Streamingdienstes Disney+ gibt sowie ab Herbst 2022 eine deutschsprachige Musical-Version in Hamburg, gilt als eines der erfolgreichsten Musicals in der Geschichte des Genres. In ihrer Einleitung zu dem Sammelband »Historians on Hamilton« schreiben die beiden Herausgeberinnen Renee Romano und Claire Potter (2018: 4): »Since the revised show opened on Broadway in August 2015, it has broken records of every kind: for the highest-grossing weekly box office for any show in Broadway history ($3.3 million for the performance of eight shows in November 2016), to the most Tony nominations for a single show (sixteen; Hamilton won eleven including Best Musical, Best Score, Best Book, and Best Director)«. Auch die Rezensionen überschlugen sich von Anfang an: »›Hamilton‹ is going to bring a lot of people together: young and old, conservatives and liberals, history buffs and pop culture junkies, regular theatergoers and people who never go to the theater. Isn't that what great musicals are supposed to do?« (Windman 2015).

Das Musical gehört somit zu dem Teil popkultureller Inszenierungen, die sich zu Geschichte als einem externen Referenten verhalten und diese in ihrer Repräsentation immer auch legitimieren. Sie schreiben selbst Geschichte, wie etwa »Schindlers Liste«, der als fiktionaler Film die historischen Perspektiven auf den Holocaust mit beeinflusst hat.

Der andere dominante Modus, in dem sich die Popkultur auf Geschichte bezieht, besteht in deren ästhetischen Verfahren der Selbstreferenz und Selbstkanonisierung. In Frage steht hier, wie sich die Popkultur zu ihrer eigenen Geschichte verhält, in Form etwa von Tribute Bands, Covern, selbstreferentiellen Zitaten, Museumsausstellungen und vielem mehr. Fasst man die Reaktionen darauf verkürzt zusammen, so kann man beinahe von zwei Fraktionen sprechen: eine, die die offensichtliche Musealisierung und Selbstmusealisierung der Popkultur beklagt und sich die Energie, Widerständigkeit und Gegenwartsorientierung der Popkultur zurückwünscht – exemplarisch in den Arbeiten von Jerome de Groot (2009), Simon Reynolds (2011) oder Tom Holert (2015). Eine andere, die im selben Feld kulturpoetische Verfahren der Archivierung entdeckt und den selbstreferenziellen Bezug auf die eigene Geschichte und Genese als spezifische Ästhetik der Popkultur beschreibt – wie etwa in den Arbeiten von Moritz Baßler (2002), Christian Huck (2014) oder Hannah Zipfel (2022).

Offensichtlich sind genauso auch Artefakte zu beschreiben, die diese beiden Modi des Bezugs auf Geschichte vereinen: »Hamilton« bezieht sich auf Geschichte als einen realen Referenten so, wie seine ästhetische Formensprache gleichzeitig das Wissen um die Genese des Genres Musical ausstellt.

Es ist nun nicht irgendeine Geschichte, die in »Hamilton« erzählt wird, sondern die der sogenannten ›founding fathers‹ der Vereinigten Staaten, die im Nachklang der Unabhängigkeitskriege des 18. Jahrhunderts die politische, juridische und fiskalische Einigung der dreizehn ehemaligen Kolonien vorantrieben: Geschäftsleute und Spekulanten, Richter und Ärzte, Generäle und auch Sklavenhalter wie James Madison, dem vierten Präsidenten der Vereinigten Staaten. Männer, die der Legende nach dazu beitrugen, dass die Vereinigten Staaten die Weltmacht geworden ist, als die sie bis heute auftritt.

Experience the Original Broadway Production
HAMILTON
Disney+
Streaming Exclusively July 3

@ Hamilton

Auf der Musicalbühne in New York oder Hamburg aber sehen und erleben die Zuschauerïnnen, wie die Präsidenten Thomas Jefferson und George Washington – wie so viele Figuren mehr – von People of Colour-Darstellerïnnen verkörpert werden. Auch Protagonistïnnen und die Familie Alexander Hamiltons spielen tragende Rollen in Anlehnung oder auch jenseits der historischen Fakten: Eliza Hamilton und ihre beiden Schwestern treten in Hauptrollen auf, ebenso wie Maria Reynolds, die Geliebte Hamiltons sowie Philipp, dessen Sohn, der seinem Vater ein Geburtstagslied rappt. Nichts ist richtig, aber alles stimmig. So sieht es auch die Historikerin und Hamilton-Expertin Joanne Freeman (2018: 52f.), die auf den paradoxen Umstand hinweist, dass Alexander Hamilton in seiner Zeit ein Verächter der neuen Staatsform der Demokratie gewesen sei – und dennoch: »Although it takes great liberties with the period's history, shifting events, collapsing time, simplifying conflicts, and focusing on a small band of white leaders, it gets the underlying spirit of the moment right. In part, it does this through its music. With its sung-through dialogue, its unconventional rap- and hip-hop-infused score, its energy and high emotions, and its blend of past and present, Hamilton is an unexpected and rule-breaking piece of theatre that captures the contingency and experimentation of America's founding«.

DAS BEGEHREN NACH GESCHICHTE

Es ist müßig zu kritisieren, dass die Populäre Kultur die historischen Begebenheiten und ihre Akteure nicht adäquat wiedergebe. Das tut sie natürlich nicht. Stattdessen ist sie eine Geschichtsvermittlung im Modus der Unterhaltung. Unterhaltend aber ist Geschichte, wenn sich vor einem Massenpublikum dramatische Konflikte inszenieren lassen und dabei auf spielerische Weise eine Unklarheit etabliert wird, wer überhaupt welche Geschichte schreibt. Das Publikum lernt seit den Tagen der »Wild West Show«, bei etwas dabei zu sein, bei dem es nicht gewesen ist, wie es der Historiker Richard White (1994: 29) beschreibt: »Buffalo Bill created what now seems a postmodern West in which performance and history were hopelessly intertwined«. Entsprechend geht es auch in »Hamilton« nicht nur darum, welche Geschichte erzählt wird, sondern um die Frage, wer diese Geschichte auf welche Weise erzählen darf – oder sogar: erzählen sollte. Das Schlusslied des Musicals ist repetitiv von der Phrase durchzogen »Who lives, who dies, who tells your story?«.

Die Frage, welche Subjekte über Geschichte verfügen und wessen Geschichte erzählt wird, hat im 20. Jahrhundert offensichtlich eine politische Dimension angenommen, sie ist aber auch die Frage, die sich zwischen modernen und postmodernen Theoremen nicht entscheiden lässt: Der Dekonstruktion einer stabilen historischen Erzählung durch den Verweis auf ihre Diskursgebundenheit und somit auf ihre reale Existenz als Sprache steht das Wissen entgegen, dass es erst »diese Abstraktionsleistungen des Historikersubjekts [sind, die] den Diskurs Geschichtsschreibung« definieren (Jaeger 2003: 127). Anders formuliert: die postmoderne Historiografie dekonstruiert das, was sie voraussetzen muss, die Moderne konstruiert ihre eigenen Voraussetzungen.

Die Populäre- und Popkultur ist vor diesem Hintergrund zu dem Ort geworden, an dem die Zuschauenden die Gleichzeitigkeit eines realen und eines diskursiven Referenten der Geschichte qua somatischer Teilhabe einüben. Was Hayden White (1990: 33) das »Objekt des Begehrens« genannt hat, liegt in dem Paradox begründet, dass Geschichte nur in narrativen, und das meint ästhetischen, Formen zu legitimierter Geschichte jenseits ihres Konstruktionscharakters wird. Es ist also gerade die ästhetische Formung, die Ausweis ihrer Wahrhaftigkeit ist: »Die Autorität der historischen Erzählung ist die Autorität des Wirklichen selbst; die historische Darstellung gibt dieser Wirklichkeit eine Form und macht sie zum Objekt des Begehrens, indem sie ihren Prozessen eine formale Kohärenz einpflanzt, die sonst nur Geschichten besitzen« (ebd.). Daraus folgt für ihn: »Ereignisse, die als historische Ereignisse verstanden werden wollen, müssen mindestens zwei Erzählungen ihres Ablaufs zulassen« (ebd.).

Das bedeutet in meiner Lesart, dass nur dort, wo es eine Kontroverse über ›die Geschichte‹ gibt, auch Geschichte geschrieben wird. Nur, wenn sich darüber streiten lässt, was in den Bereich erzählenswerter Geschichte gehört, wer diese Geschichte erzählen darf und wessen Geschichte dadurch nicht erzählt wird – nur dann wird Geschichte (im modernen wie postmodernen Sinne) geschrieben. Ansonsten befinden wir uns im Bereich der unabwendbaren, mal gütigen, mal strafenden Heilsgeschichte. White führt diesen Punkt, die Ausformung einer diskutablen Geschichte, auf Hegels Geschichtsphilosophie zurück, in der jener die Auseinandersetzung mit Gesetz und Autorität zum »zentralen Organisationsprinzip« (ebd.: 28) der Geschichtsschreibung macht: »Wir können daher vermuten, daß Wachsen und Entwicklung des Geschichtsbewußtseins, verbunden mit dem gleichzeitigen Wachsen und der Entwicklung der Fähigkeit zum Narrativen […], mit dem Ausmaß zu tun hat, in dem das Gesetzessystem als zentraler Gegenstand des Interesses fungiert. Wenn jede vollständig realisierte Geschichte […], eine Form von Allegorie ist, wenn sie auf eine Moral verweist oder den Ereignissen, ob real oder imaginär, eine Bedeutung verleiht, die sie als bloße Aufeinanderfolge nicht besitzen, dann scheint die Schlußfolgerung erlaubt, daß der latente oder manifeste Zweck einer historischen Erzählung in dem Wunsch liegt, dem erörterten Geschehen eine moralische Dimension zu verleihen« (ebd.: 26).

Es ist deshalb zu kurz gedacht, wenn Joseph Adelman (2018: 285) die multiperspektivischen Narrative des Musicals als Ausweis einer reflexiven Geschichtsdarstellung liest: »It offers both a metanarrative about the uncertainty of fully knowing the past and an astute perspective on how historical narratives differ depending on a teller's perspective«. Dass Geschichte je nach Perspektivierung der Quellen anders geschrieben wird, ist ein Gemeinplatz und findet ihre ideengeschichtliche Figur in Hegels kritischem Historiografen. Populäre Geschichtsdarstellungen wie »Hamilton« versprechen aber keine Dekonstruktion monolithischer Geschichtserzählungen, sondern sie produzieren in der Frage, wer überhaupt Geschichte erzählt, ihre konstituierende Spannung in Form einer moralisch grundierten Narration.

Was heißt das für »Hamilton«? Ich denke, es bedeutet dreierlei. Dem Musical muss es gelingen, die Frage der Autorschaft von Geschichte als eine Kontroverse, letztlich: eine spannende Erzählung, in den Mittelpunkt seines Plots zu stellen, ohne diese Kontroverse zu lösen. Zum anderen muss jene Frage nicht nur diskursiv, sondern in ästhetischen Formen gestellt werden, die dem Publikum eine Teilhabe an der Auseinandersetzung ermöglichen. Schließlich muss genau dadurch ein Begehren nach Geschichte erzeugt werden, ein Begehren nach einer moralischen Dimension, das sich mit der Gegenwart kurzschließen lässt und somit zur Zeitgenossenschaft aller beiträgt.

Den ersten Punkt habe ich bereits deutlich gemacht. Aber wie steht es mit der ästhetischen Praxis, was heißt es, eine populäre Geschichtsdarstellung als ästhetische Praxis zu verstehen?

ÄSTHETISCHE PRAXIS

Mit dem Begriff der ästhetischen Praxis ist mehr gemeint als künstlerische Praxis und auch anderes als eine auf Kant zurückgehende Wahrnehmungsästhetik im Sinne von Aisthesis. Gleichwohl umfasst die ästhetische Praxis Formen, Modi und Strategien, die aus dem Feld der traditionellen Künste bekannt sind, und sie beschreibt durchaus auch sinnliche Wahrnehmungsprozesse. Dennoch soll mit diesem Begriff eine Verschiebung im Kontext traditioneller Ästhetik bezeichnet werden, die erstens die leiblichen Praktiken in der Produktion und Rezeption ästhetischer Artefakte fokussiert und zweitens über die Vorstellung einer je subjektiven Wahrnehmung hinausgeht und auf die vielfältigen Rückkopplungseffekte mit kollektiv-massenmedial, ökonomisch-technisch und kulturell-historisch formierenden Praktiken blickt. »Nicht festliegende Normen oder rationale gesicherte Absichten bestimmen das Handeln ästhetischer Praxis, sondern situative Resonanzen und sinnlich evozierte Evidenzen führen die Handelnden über ihre eigene Rahmensetzung hinaus. Wie alle Formen des Handelns sind auch alle ästhetischen Praktiken auf technisch-materielle, institutionelle, organisatorische, ökonomische, politische und andere Rahmenhandlungen angewiesen, bzw. sie stehen in einem engen Wechselverhältnis zu jenen« (Elberfeld/Krankenhagen 2017: 15). Für die Artefakte der Pop- und Populären Kultur ist dieser Blick erkenntnisleitend, denn er fokussiert deren »Medien der Körperlichkeit« (Alkemeyer 2008: 234), die sich nicht nur auf die jeweiligen (massenmedialen) Bühnen, sondern ebenso auf die somatische Teilhabe des Publikums bezieht, sowie auf die sie formierenden Paratexte. Sofern der Begriff der ästhetischen Praxis nicht essentialistisch, sondern methodologisch verstanden wird – »Die Frage nach den Kriterien, die eine Praxis zu einer ästhetischen Praxis machen, stellt sich mit jeder emphatischen Gestalt ästhetischer Praxis neu« (Elberfeld/Krankenhagen 2017: 16) – ergeben sich Verschiebungen, die hier genutzt werden sollen, um die Frage nach der Autorschaft von populären Geschichtsinszenierungen prägnanter zu fassen.

Ich komme dafür erneut auf den Hinweis Whites zurück, dass der ›Zweck einer historischen Erzählung in dem Wunsch liegt, dem erörterten Geschehen eine moralische Dimension zu verleihen.‹ Diesem Wunsch ist in Bezug auf das in »Hamilton« verhandelte Geschehen seit über zweihundert Jahren vielfach Rechnung getragen worden: Unzählig die Geschichtsbücher, die Denkmäler, die Museen und Ausstellungen, in denen die ›founding fathers‹ und ihre Taten so auftreten, wie es die buchstäbliche Moral der Geschichte verlangt hat (vgl. Schocket 2018). Und selbstverständlich gibt es auch schon eine Kino-Adaption lange bevor das Musical Erfolge feierte. Gedreht 1931, ebenso auf der Vorlage einer Bühnenfassung, und produziert von Warner Brothers, bestätigt »Alexander Hamilton« die Moral des überlegenen Weißen Mannes, der höchstens von einer schönen Weißen Frau kurzzeitig davon abgehalten werden kann, die Welt nach seinen Überzeugungen zu gestalten (vgl. Alexander Hamilton 1931).

Ein derart stark kanonisiertes Ordnungsprinzip der Geschichtsschreibung muss nicht nur herausgefordert werden – »Who lives, who dies, who tells your story« – sondern jene offene Frage muss auch einen neuen Körper, eine neue leibliche Präsenz bekommen. Ich habe an anderer Stelle, und im Rückgriff auf die Arbeiten des Politikwissenschaftlers Philipp Manow, versucht zu zeigen, in welchen Momenten die Popkultur als ein politisches Theater verstanden werden kann (vgl. Manow 2008; Krankenhagen 2021). Indem sich das Publikum als Publikum erkennt, definiert es sich in der Fortsetzung eines demokratischen Kollektivkörpers, der im 17. Jahrhundert seine ersten Auftritte in den neuen Raumordnungen der Parlamente hatte. Folgt man dieser Lesart, so ist die Wirkmächtigkeit eines real anwesenden wie auch eines massenmedialen Publikums in der Inszenierung nationaler Geschichte nicht zu unterschätzen. Die Formen der Popkultur, wie hier des Musicals, vermögen es, eine somatisch fundierte Sympathie des Mit-Machens zu erzeugen, die alle Beteiligten umfasst (vgl. Alkemeyer/Krankenhagen 2024). Auch wenn es in der massenmedialen Aufbereitung populärer Geschichtsinszenierungen nicht nur um Präsenz, sondern im selben Maße um mediale Präsenzeffekte geht, so basieren die ästhetischen Praktiken wie Rhythmus, Beat, Refrain, Chorus auf einem körperlichen Nähewissen zwischen Bühne und Publikum, das mit jeder Aufführung fortgeschrieben wird: ein geteiltes ›knowledge-how‹, in den Worten von Gilbert Ryle (1969).

Diese leiblichen Affekte sind in »Hamilton« mit reflexiven Rückkopplungen verwoben, die ein Bewusstsein für die eigene Geschichtlichkeit als ästhetische Praxis buchstäblich vorführen und somit ein wichtiges Kriterium für den sichtbaren Erfolg des Musicals geben. Frank Kelleter (2010: 75) schreibt dazu: »Ästhetische Artefakte bieten sich vor allem dann zur Kanonisierung an, wenn sie Ambiguität und Polyvalenz nicht nur aufweisen, sondern die eigene Polyvalenz und Ambiguität im Rahmen einer autoreflexiven Formsprache ausstellen, idealerweise als autorisiertes Werk mit klar markiertem historischem Bewußtsein«. Verlangt ist also eine in sich selbst widersprüchliche ästhetische Praxis, die gleichzeitig ihren Bezug zu Geschichte als Selbst- und Fremdreferenz inszeniert: »Hamilton« hat genau das angeboten, indem es in seiner musikalischen Gestaltung auf Elemente aus Rap, RnB und Hip-Hop setzt und somit die Tradition des Genres Musicals sowohl bedient als auch bricht. Wie in allen komplexen Inszenierungen der Popkultur ruft »Hamilton« ein variantenreiches Spiel der Referenzen zwischen u.a. Mobb Deep, The Notorious B.I.G. und Destiny's Child auf. Somatische Teilhabe spricht nicht nur das Mitsingen, Mittanzen, das Kopieren, Teilen und Variieren an, sondern erfüllt sich auch in dem Angebot an das Publikum, sich als Decodierer der aufgerufenen Popsignale zu betätigen.

Somit ist es nicht die Tatsache alleine, dass in »Hamilton« Rap und Hip-Hop verwendet werden, sondern entscheidend ist, dass damit eine Schwarze Subkultur der 1980er Jahre referenziert wird, die sich global popularisiert hat und nun in einem semantischen Umfeld genutzt wird, in dem es um geteilte amerikanische Politik, Herkunft und Sichtbarkeit geht. Der Musikwissenschaftler Martin Connor (2017) macht darauf aufmerksam, dass Hip-Hop nicht nur eine Genre-Entwicklung kenne und sich in »Hamilton« genau diese Variabilität widerspiegele, womit das Musical auf ästhetische Weise die Geschichte des Genres schreibe: »[Hamilton] not only explores American history as its subject matter, but also tackles the unwritten history of American hip-hop as musical expression«. Unterschiedliche Geschichten und vor allem unterschiedliche ästhetische Modi der Geschichtsschreibung verstärken sich in »Hamilton« gegenseitig und werden so zu einer glaubhaften Geschichte.

Gegen die Tradition des Genres (vgl. Romano/Potter 2018; Campbell 2020), wurde (wie bereits angesprochen) in »Hamilton« die überwiegende Zahl der Darstellerinnen mit People of Color besetzt. Interessanterweise gibt es vor allem eine identitätspolitisch kongruente Besetzung: nämlich die zwischen dem Autor des Musicals, dessen Hauptfigur (in Personalunion: Lin-Manuel Miranda) und der historischen Figur. Sowohl Alexander Hamilton als auch Lin-Manuel Miranda waren bzw. sind von karibischer bzw. puerto-ricanischer Herkunft, was den Medienwissenschaftler Geoffrey Graybeal (2023) dazu verführte, das Musical als eine Ansammlung von Geschichten zu beschreiben, die den amerikanischen Self-Made-Man feierten. Die Songline »Immigrants: We get the job done!« gehöre jedenfalls zu den am lautesten beklatschten Szenen der Show.

Weiterhin fiel die Lancierung des Films im Disney+ Stream im Jahr 2020 auf den ersten Sommer der Pandemie und erfuhr so erhöhte Aufmerksamkeit bzw. konnte verstärkt am Nimbus einer neuen Technologie partizipieren.

Auch die ›spin-offs‹ der Show haben alle Grenzen gesprengt: Das Buch »Hamilton: The Revolution«, geschrieben von Miranda und Kelly Clarkson, führte die Sachbuchliste der »New York Times« über sieben Monate an. »Hamilton has, moreover, achieved two pop culture milestones of Americana that are nearly unheard of on Broadway: Saturday Night Live tapped Lin-Manuel Miranda to host the October 8, 2016, show, and the three actresses who originated the roles of the Schuyler sisters on Broadway were featured in the opening of the 2017 Super Bowl singing an a cappella version of ›America the Beautiful‹« (Romano/Potter 2018: 5f.).

Gleichzeitig aber hält sich das Musical an standardisierte Narrative des Genres – beinahe jede Wendung des Dramas ist erwartbar – sowie an die traditionelle Ordnung des Erzählmediums Zeit, indem es sein Narrativ auf konsekutive Weise, wenn auch oft multiperspektivisch, organisiert. Dem Publikum wird somit nichts an Möglichkeiten genommen, zwischen decodierbaren Referenzen und erlebbarer Nähe hin und her zu wechseln; das Musical verfängt sich im eigenen Körper wie im popkulturellen Wissen: »The creators of Hamilton show that by combining versatility with originality and historical consciousness, they created a musical work that stands up to perpetual re-listenings and they've got the numbers to back it up« (Connor 2017). »Hamilton« stellt die traditionellen Formen und Praktiken des Musicals nicht in Frage, variiert aber zentrale Elemente, sodass es ihm gelingt, als eine ästhetische Praxis Zeitgenossenschaft herzustellen.

Das ist entscheidend: Genau an dieser Stelle bestätigt sich die Wirkmacht eines »Begehrens nach Geschichte«, das gerade nicht mit den historischen Tatsachen übereinstimmen darf. An »Hamilton« zeigt sich, dass das Begehren nach einer anderen Ursprungserzählung, nach anderen ›founding fathers‹ so stark gewesen sein muss, dass ein Musical, das reale und diskursive Referenten der Geschichte gekonnt kompilierte, das nicht nur zeitgemäße, sondern vor allem referenziell anschlussfähige Musikgenres nutzte, eine wahre Geschichte inszenieren konnte. In diesen Zusammenhang fügt sich auch die Rolle von Eliza – verallgemeinert: von weiblichen Protagonisten – in das Begehren nach einer gleichsam ›echteren‹ Geschichte ein. Eliza darf und soll die Geschichte ihres Mannes wie auch ihre eigene als die Geschichte der USA erzählen. Dass auch hier historische Faktizität und popkulturelle Inszenierung nicht übereinstimmen, ist gerade kein Hindernis, sondern im Gegenteil ein Puzzlestück des Erfolgs von »Hamilton«: Die Gegenwart will, dass diese Geschichte eine Geschichte aller Herkünfte und aller Geschlechter gewesen sein soll. ◆

LITERATUR

• **ADELMAN, JOSEPH M.** (2018): Who Tells Your Story? Hamilton as a Peoples History. In: Renee C. Romano/ Claire Bond Potter (Hg.): Historians on Hamilton: How a Blockbuster Musical Is Restaging America's Past. Ithaka, N.Y., S. 277-296. • **ALEXANDER HAMILTON**, USA 1931, Regie John G. Adolfi. • **ALKEMEYER, THOMAS/KRANKENHAGEN, STEFAN** (2024; i.E.): Kritik im Vollzug. Über das kritische Potential sportlicher Praxis als ästhetische Praxis. Ein Dialog. In: Martina Groß/Fiona McGovern (Hg.): Kritische Ästhetische Praxis. Paderborn. • **ALKEMEYER, THOMAS** (2008): Das Populäre und das Nicht-Populäre. Über den Geist des Sports und die Körperlichkeit der Hochkultur. In: Kaspar Maase (Hg.): Die Schönheiten des Populären. Ästhetische Erfahrung der Gegenwart. Frankfurt a.M., S. 232-250. • **BASSLER, MORITZ** (2002): Der deutsche Pop-Roman. Die neuen Archivisten, München. • **CAMPBELL, PAUL-HENRI** (2020): Politisches Musiktheater – wie geht das? In: Neue Gesellschaft Frankfurter Hefte, Nr. 5, S. 68-72. • **CONNER, MARTIN** (2017): How »Hamilton« Put the Music Back at the Center of the Musical. https://flypaper.soundfly.com/discover/music-of-hamilton-musical/ [27.05.2024]. • **ELBERFELD, ROLF/KRANKENHAGEN, STEFAN (HG.)** (2017): Ästhetische Praxis als Gegenstand und Methode kulturwissenschaftlicher Forschung. Paderborn. • **FREEMAN, JOANNE B.** (2018): ›Can We Get Back to Politics? Please?‹ Hamilton's Missing Politics in »Hamilton«. In: Renee C. Romano/Claire Bond Potter (Hg.): Historians on Hamilton: How a Blockbuster Musical Is Restaging America's Past. Ithaka, N.Y., S. 42-57. • **GRAYBEAL, GEOFFREY M.** (2023): Young, Scrappy and Hungry Immigrant Hustle: Entrepreneurship through the Eyes of Hamilton. In: European Journal of American Studies 18, Nr. 1, S. 1-9. • **GREVE, WERNER/KRANKENHAGEN, STEFAN** (2017): Authentische Fiktionen. Selbst-Darstellung und Identitätskonstruktion bei William F. Cody und Karl May. In: Kulturwissenschaftliche Zeitschrift 2, H. 1, S. 25-37. • **DE GROOT, JEROME** (2009): Consuming History. Historians and Heritage in Contemporary Popular Culture. London/New York. • **HOLERT, TOM** (2015): Sammelbegriffe. Rock-Museum und Gegenwartskunst. In: Pop. Kultur und Kritik, Nr. 5, S. 128–147. • **HUCK, CHRISTIAN:** (2014): Coverversionen. Zum populären Kern der Popmusik. In: Pop. Kultur und Kritik, Nr. 4, S. 154–173. • **JAEGER, STEPHAN** (2003): Geschichte als Wahrnehmungsprozess. Ihr selbstreflexiver Vollzug in der Geschichtsschreibung. In: Stefan Deines/Stephan Jaeger/Ansgar Nünning (Hg.): Historisierte Subjekte – Subjektivierte Historie. Zur Verfügbarkeit und Unverfügbarkeit von Geschichte. Berlin, S. 123-140. • **KELLETER, FRANK** (2010): Populärkultur und Kanonisierung: Wie(so) erinnern wir uns an Tony Soprano? In: Matthias Freise/Claudia Stockinger (Hg.): Wertung und Kanon. Heidelberg, S. 55-76. • **KRANKENHAGEN, STEFAN** (2021): All these things. Eine andere Geschichte der Popkultur. Stuttgart. • **LAMANTIA, BROOK** (2022): No, Lydia Tár Is Not Real. https://www.thecut.com/2022/10/lydia-tar-is-not-real.html [27.05.2024]. • **MANOW, PHILIP** (2008): Im Schatten des Königs. Die politische Anatomie demokratischer Repräsentation. Frankfurt a.M. • **REYNOLDS, SIMON** (2011): Retromania. Pop Culture's Addiction to its own Past. London. • **ROMANO, RENEE C./ POTTER, CLAIRE BOND** (Hg.) (2018): Historians on Hamilton: How a Blockbuster Musical Is Restaging America's Past. Ithaka, N.Y. • **RYLE, GILBERT** (1969): Der Begriff des Geistes [The Concept of Mind (1949)]. Stuttgart. • **SCHOCKET, ANDREW M.** (2018): Hamilton and the American Revolution on Stage and Screen. In: Renee C. Romano/Claire Bond Potter (Hg.): Historians on Hamilton: How a Blockbuster Musical Is Restaging America's Past. Ithake, N.Y., S. 167-186. • **WHITE, RICHARD** (1994): Frederick Jackson Turner and Buffalo Bill. In: Ders./Patricia Nelson Limerick (Hg.): The Frontier in American Culture. Berkeley/Los Angeles, S. 6-65. • **WHITE, HAYDEN** (1990): Die Bedeutung der Form: Erzählstrukturen in der Geschichtsschreibung. Frankfurt a.M. • **WINDMAN, MATT** (2015): Our Theater Critic Comes Around to the Smash Hit »Hamilton«. https://www.amny.com/entertainment/hamilton-review-lin-manuel-miranda-alexander-hamilton-musical-inventive-1.10715 [27.05.2024]. • **ZIPFEL, HANNAH:** ›Ach du meine Güte, ich bin doch noch gar nicht tot!‹ Pop und Museum. In: Sebastian Berlich/Holger Grevenbrock/Katharina Scheerer (Hg.): Where Are We Now? – Orientierungen nach der Postmoderne. Bielefeld, S. 145-156.

ESSAY

VERSCHRAUBTER REALISMUS
Über frivolen Ernst

Heinz Drügh

◆

KRAKEN

> Die plumpste Form gedanklicher Unstimmigkeit ist es, die Wirklichkeit dessen, was wir niemals beschreiben können, oder den Sinn dessen, was wir niemals verstehen können, zu leugnen.
> Thomas Nagel, »What is it Like to Be a Bat?«

»Wenn ein Löwe sprechen könnte, wir könnten ihn nicht verstehen«, lautet eine Notiz aus Wittgensteins »Philosophischen Untersuchungen«. Zu fremd ist die Lebenswelt eines Löwen, zu fremd sein Körper und das Gefühl, als solcher zu existieren, zu atmen und zu fressen. Eine Löwen-Welt gibt es natürlich trotzdem, und sich nicht für sie zu interessieren, wäre tatsächlich ignorant oder plump. Aber brauchen Literaten einen solchen Mahnruf? Merkwürdige Tiere sind für sie ebenso interessant wie, sagen wir, Zwirnspulen. Sprechen können diese Tiere auch oft, sind dabei aber meist in Sachen Sinnbildlichkeit und moralischer Verwertbarkeit unterwegs. Manchmal jedoch erscheinen sie auch erfreulich verschraubt, wie der »Kluge Hans« in Clemens Setz' Büchner-Preis-Rede mit dem Titel »Ulklären«, einer Liebeser- bzw. -ulklärung an die Literatur als Ort des »ständigen und beherzten Verfehlens von Seelen«.

Erinnern Sie sich noch an die Krake Paul, das Orakeltier der Fußball-WM 2010? In einem Oberhausener Aquarium wurden dem Oktopoden vor jedem Spiel der deutschen Mannschaft zwei Futterbehälter mit einer Miesmuschel hingestellt, darauf angebracht die Flaggen der beiden Kontrahenten. Ohne zu zögern, schwamm Paul jedes Mal zum späteren Siegerteam. Irgendwann wurden die Orakel weltweit live übertragen. Vor dem Viertelfinalspiel entschloss sich das argentinische Fernsehen mit sorgenvollem Blick auf den deutschen Lauf und das Orakel, das ihn nur noch weiter zu bestärken schien, den Deutschen attraktive Paella-Rezepte vorzuschlagen, um endlich den Spuk zu beenden.

Orakel erwartet man gemeinhin von Beiträgen dieser Zeitschrift trotz ihrer ›Zurzeitlichkeit‹ nicht. Da nun aber, wo ich das hier schreibe, in knapp einer Woche die EM beginnt, tippe ich mal auf Portugal (bleibt bis zum Druck so stehen, versprochen!). Wer kann sich auch schon so richtig freuen auf deutsche Siege mit einer Fancrowd, von der mehr als 20 % finden, dass in der deutschen Mannschaft zu wenige Spieler weiß sind. Der Soziologe Wilhelm Heitmeyer hat erforscht, dass das sogenannte ›Sommermärchen‹ der WM 2006 allenfalls situativ einen gelösten, spielerischen Patriotismus begünstigt habe, dass die Zeichen der Zeit sonst eher auf strammeren Nationalismus stehen inklusive Überlegenheitsattitüde und Fremdenfeindlichkeit und dass diese Haltung in Gestalt der AfD und vieler anderer rechter Parteien in Europa als autoritärer Nationalradikalismus gewissermaßen normalisiert sei. Mainstream, na toll.

Spielerisches will vor diesem Hintergrund nicht so leicht gelingen. Gut, dass es Tonio Schachinger gibt. Im Zentrum seines Romans »Nicht wie ihr« steht der Fußballprofi Ivo Trifunović, ein bosnischstämmiger Österreicher. Allfällige Nachfragen wie ›wo kommen Sie denn eigentlich her‹, ›der Balkan soll ja sehr schön sein‹ oder ›fühlen Sie sich eigentlich eher als Bosnier oder als Österreicher‹ kommentiert er so: »Das ist, wie wenn man Toni Polster fragen würde: ›Heast Toni, willst du lieber eine Tschick oder ein Bier?‹ Der will ja auch auf keines von beiden verzichten«. Was wäre nur aus Österreich geworden, »wenn rundherum nicht Tschechen, Jugos und Ungarn gelebt hätten, sondern andere Kartoffeln«? Alles »fad«, »keine gescheiten Knödel, keine schönen Leute und keine gute Musik.« »Schönheit«, weiß Ivo, heißt nun mal nicht »keine Fehler machen« (wie das die Deutschen so gerne praktizieren), Schönheit ist nicht »das Fehlen von etwas Schiachem«.

Krake Paul lebt übrigens schon seit Herbst 2010 nicht mehr. Seine Artgenossen sind aber zu regelrechten ›It-Animals‹ geworden. Krakenbücher gibt es in der posthumanistischen Bewusstseinstheorie wie als Geschichte politischer Metaphorik, als Öko-Thriller, Kinderbuch oder gefühlige Bestseller. »Remarkably Bright Creatures« ist der deutsche Titel eines weltweit erfolgreichen Romans von Shelby van Pelt: »Ein liebevoller Wohlfühlroman, der im Kopf bleibt«, schreibt die »Washington Post«. Der Krake kann lesen und alles und hat »alle acht Arme voll zu tun«, der Tierpflegerin Tova zu helfen, ihren verschwundenen Sohn zu finden. Flipper war unser bester Freund.

Trotz Kraken auf dem Cover reiht sich Luca Kieser mit seinem Debutroman »Weil da war etwas im Wasser« nicht ins populäre Krakengenre ein. Anders als die Grammatik des Titels erwarten lässt – weil mit Hauptsatz und so –, steckt darin ebenso wenig Jugendbuch wie Streichelzoo. Auf dem Deck eines Frosttrawlers begegnet einem der Krake vielmehr als Beifang und (fast ein bisschen zu schiach) stinkende Masse »weißen Zeug[s]«, als Haufen von »Geschwüre[n] aus Glibber«. Wo tentakuläre Wesen sind, weiß man seit Donna Haraway, da ist auch Poetologie: »Ich will nicht-euklidisch gekräuselte Geschichten, gespickt mit Tentakeln für waghalsiges Durcheinander«; und so beschäftigt sich auch Kiesers Text ausführlich mit der spezifischen Form des Kraken, die wesentlich vom Prinzip der Verdrehung geprägt ist: »So ziemlich alles« an diesen Tieren ist »spiralisch«: »Das Sich-Winden ist bei ihnen so grundlegend wie bei uns das Rückgrat«. Ursache dafür ist ein ausgesprochen »seltsame[s]« Verfahren, »sich die Welt ein[zu]verleiben«. Denn anders als die »menschlichen Öffnungen zur Welt hin, Mund und After«, die »maximal weit voneinander entfernt« liegen, seien Mollusken »zu einer Art Sack geworden und haben den so verdreht, dass ihr Kopf mit dem Fuß verschmolzen ist und eben auch der Mund mit dem After.« Bei diesem poetologischen Sack-Prinzip ist auch Ursula K. Le Guins »Carrier Bag Theory of Fiction« mitzudenken. Wie dort vorgezeichnet, wird auch Kiesers Text mit diesem und jenem Aufgelesenen und Berührten gefüllt, nur sind das hier Fundstücke des Internetzeitalters. Denn der Krake verfängt sich mit seinen Armen – in denen »die meisten Neuronen« sitzen und nicht im »Hirn« – in einem submarinen Internetkabel. Fortan fungiert er – etwas bemühte Allegorie, aber na gut – als Medium aller durch dieses Kabel fließenden Daten und Geschichten. Einen ganzen Sack voll davon verwebt Kieser in seinen Roman – oder, um statt der gängigen manufakturellen Vertextungsmetapher eine ebenso modernere wie weirdere zu verwenden: Er verschraubt sie. Erzählt werden sie von je einem der acht Arme, kommentiert und unterbrochen von den anderen, die seltsame Namen haben wie »der hehre«, »halbe«, »süße« oder der »arme Arm«.

Da wäre etwa die Geschichte von Sanja, die gerade Abi gemacht hat und jetzt als Praktikantin auf dem Frosttrawler arbeitet. Ihre Perspektive ist, anders als man das bei einem gegenwärtigen Krakenroman erwarten würde, nicht sonderlich greenpeacehaft. Vielmehr ist sie genervt, wenn ihre Mitschüler loslegen mit ihren »auswendig gelernt« wirkenden »Reden, wie die Erde sich endlich erholen dürfen werde, sobald der Mensch sich selbst vernichtet haben würde« usw. Aus Trotz wirft sie, gegen die nachdrückliche Ermahnung des Kapitäns, bloß nichts Invasives in die maritime Ökosphäre einzuschleppen, ihre gebrauchte, vom »Nervengift« Nikotin der Morgenzigarette punkig imprägnierte Plastikzahnbürste ins Meer. Woraufhin der Oktopus diese verschluckt, sich deshalb im Internetkabel verfängt usw.

Es geht also ganz grundsätzlich um das Ökosystem des Eismeers, um Krill und die kostbare Ambra (aus den Mägen von Pottwalen); um die Geschichte von »50 Jahre Blue Marble«, jenes berühmten ersten Fotos der Erde aus dem

All, aufgenommen von einem Apollo 17-Astronauten, und um das Erwachen ökologischen Bewusstseins. Erzählt wird das vom ›hehren Arm‹, nicht ohne dass in Fußnoten die anderen mitwispern, dass alle, die keine Lust auf »sein Namedropping« und »seine ganze Überheblichkeit« hätten, das Ganze auch einfach »überspringen« könnten. Denn nicht zuletzt geht es immer auch um Fun. Wirkliches »nachhaltiges sich Kümmern« verlangt, wie Donna Haraway schreibt, nach »Figuren der Sanierung, die ebenso waghalsig sind wie fun, verlangt danach, dass wir in dem Gefühl arbeiten, spielen und leben, gemeinsam mit anderen sterblichen Kreaturen gefährdet zu sein; und nicht zuletzt: dass wir nicht kapitulieren vor dieser techno-tragischen Story des selbstfabrizierten Todes im Anthropozän«. Dieser Devise folgen Erzählgimmicks wie die Szene, in der einem verknallten und leicht hysterischen indischen Homöopathen ein Fläschchen mit Ambra-Globuli aus der Hand rutscht, geschildert in der zweiten Person Singular von der Ambra selbst: »Und als dies geschieht, als Dein Schatten platzt, weißt du plötzlich: Du bist noch da. Du, du springst dutzendfach über den Boden. Neben, hinter, vor und zwischen dir hüpfst du« – Comicstrip und Prosakunststück.

Es geht aber auch darum, wie Literatur populär werden kann – etwa am Beispiel von Jules Vernes Roman »20.000 Meilen unter dem Meer« und dem Karriereschub, den dieser Text für Verne bedeutet, nicht zuletzt befördert durch Schauerbilder wie das des Kraken als Meeresungeheuer. Weiter mit der Kraken-Kodierung gehts mit der Verfilmung des Romans durch Disney und dem Konzept der ersten Disneyworld: »Alles sollte relaxing sein, cool und inviting. An jeder Ecke sollte es Eiscreme geben, überall sollte fröhliche Musik erklingen, keine europäische Dunkelheit, immerzu und ausschließlich American light«. Robert A. Haley, der zuvor schon das King-Kong-Filmmonster gebaut hat, entwirft das Seeungeheuer für diesen Disney-Film. Später wird er zum Schöpfer des weißen Hais, was Kieser ebenso erzählt wie die Entstehung der Romanvorlage von Peter Benchley. Dieser stimuliert sich beim Schreiben derart sexuell, dass, nun ja, »die Tasten seiner Schreibmaschine« bald riechen »wie seine Unterhosen«; und der Hai auf dem Buchcover ist »ein fucking Phallus und eine fucking Vagina dentata«. Ruhig, Brauner, aber während man das gerade denkt, driftet Kieser schon wieder ab in die autofiktionale Geschichte seiner Vorhautbeschneidung und über die Scham darüber, womit eine klassische Autofiktionalitätskategorie aufgerufen wird, und mit ihr gleich auch noch die in Fußnoten verfasste Augustinus-Umschrift »Circonfession« von Jacques Derrida sowie auch Thomas Meineckes »Tomboy«, in dem eine der Hautfiguren über die Vorhaut Jesu promoviert.

An solchen Diskurspop, der eine komplexe Position zwischen Spaß und Ernst einnimmt, schließt der Roman an. »One can be serious about the frivolous, frivolous about the serious«, so Susan Sontag in ihren »Notes on ›Camp‹«. Und das ist natürlich ein Hin und Her, keine Einbahnstraße kontinuierlichen Geschmunzels. In einem Seminar zu seiner Frankfurter Poetikvorlesung kommentierte Thomas Meinecke einst den Übergang von »Tomboy« zum spröderen Nachfolger »Hellblau« so, dass er die falschen Lacher bei Lesungen weghaben wollte, als Gender-Parodie war das nämlich ganz und gar nicht gemeint.

Gut, dass Kieser hier anknüpft, dass das Pflänzchen Pop spaßig-ernst kulturpoetisch wird, sodass der Begriff »paradigmatischer Realismus« gerechtfertigt ist, wie ihn Moritz Baßler vorschlägt. Damit meint er einen Realismus, der diesen »auf Zeichenebene enttrivialisiert«, will sagen: mit dem vorgefertigten Schema »expect the expected« bricht, und zwar dadurch, dass jedes Textereignis auf eine in ihrem Effekt vergleichende und relativierende Reise ›ins Netz‹ geschickt wird, auf der unterschiedlichste Abschattungen und Differenzierungen unvermeidlich sind. Bestritten wird dadurch, dass Realismus wie eine identitäre Blase funktioniert, als »abscheuliche[] Mischung landläufiger Meinungen« oder »erstickende[] Schicht stereotyper Meinungen« (so Baßler mit Barthes). In der Sache d'accord. Aber ist der Begriff »paradigmatischer Realismus« nicht zu spröde, um im Diskurs eine Chance zu haben, ist er nicht sogar missverständlich, weil ein Realismus nicht nur als ›paradigmatisch‹ verstanden werden kann, insofern er auf weirde Weise unterschiedlichste kulturelle Paradigmen verschraubt, sondern auch, insofern er straighten, stereotypen Realismus als erzählerische Norm setzt? Ich schlage daher für das genannte Phänomen, das die erzählte Welt, auch wenn sie zu guten Teilen unsere reale Welt zeigt, mit einer Vielzahl von Geschichten des kulturellen Archivs verschlingt und den Textkörper dadurch entnaturalisiert, eine konkretere und in ihrem Doppelsinn zwischen Verfahren und Effekt vielleicht prägnantere Bezeichnung vor: verschraubter Realismus – auf Englisch klingt das sogar noch griffiger: weird realism.

KAUEN

Hast ein Reh du lieb vor andern,
Laß es nicht alleine grasen
(Joseph v. Eichendorff)

»Helen stand nachts an der Tankstelle, neben dem Taxi. Außerhalb von Lelystad, im Norden der Niederlande. Es stürmte, aber Helen brauchte Snacks. Sie kam von ihren Aufbauarbeiten im Raumfahrtmuseum und war unterwegs in die Stadt, zu ihrem Apartment. Die Straßenlampen an den Überspannleitungen bebten, deshalb wankte das Licht andauernd. Staub wurde aufgewirbelt, spiralförmig. Die Wolkenschicht pulsierte cremig. Unweit schimmerten die Logos eines Fastfoodrestaurants.« So beginnt Joshua Groß' Roman »Plasmatropfen«. Ton und Atmosphäre sind damit gesetzt: ebenso spacig (Raumfahrtmuseum)

ENVIRONMENT, 2019 @ Neven Allgeier

wie alltäglich (Tankstelle, Snacks, Fastfoodrestaurants), ein bisschen gothic (nachts, stürmisch), vor allem aber aufgeladen, elektrisiert durch »Überspannleitungen«, was man auch bildlich nehmen kann: ein bisschen überspannt. Das ganze Formklima des Romans zeugt davon: wankend, bebend, spiralförmig aufgewirbelt, pochend, schimmernd und auf merkwürdige Weise cremig. Mit den »Aufbauarbeiten« ist wörtlich eine Kunstausstellung gemeint, Helen ist Malerin; übertragen und somit existentiell ist das aber ebenso zu verstehen. Denn »Plasmatropfen« ist auch ein Roman über den Kampf gegen Zerstörung – die der Psyche in Gestalt einer Depression von Helens Freund Lenell wie auch die der Umwelt. »Unter allem drunter Terra, erschöpft«, um es mit Joshua Groß' »Zauberberg Bubble«-Essay zu sagen.

In der griechischen Stadt Egio arbeitet Lenell als Seismologe mit dem Spezialgebiet Plattentektonik und dem Aufspüren von Erdbebengefahr. Bei einem Basketballspiel trifft er auf »Spechtmensch«, der das (Roman der Stunde!) »rosafarbene Auswärtstrikot« seines Vereins trägt und mit Schnabel und grüngefiedertem Kopf wie selbstverständlich in den Zuschauerrängen steht. Wie lässt sich das ulklären? In Games, Fantasyfilmen oder -romanen käme die Frage erst gar nicht auf, aber in der Gegenwartsliteratur? Hier sind wir so sehr an Helden ›mit uns von gleichem Schrot und Korn‹ gewöhnt, dass ein Vogelmensch schon einigermaßen heraussticht, zumal es sich hier sonst um eine Welt handelt, die mit Tankstellensnacks, Depressionen, Fastfoodrestaurants und Klimakrisen sehr der unseren ähnelt. Weird realism.

Im Kafkajahr muss man wahrscheinlich weniger als sonst daran erinnern, dass das nicht immer die Ausnahme war. Aber lassen wir mal das mit dem Käfer. Wer kennt noch Alfred Döblins Erzählung »Das Krokodil« aus dem Jahr 1914/15? Sie fängt so an: »Unter der ungeheuren Aracee lag Julie wie ein blauer feistgefressener Drache. Sie wühlte sich im schattigen Klee, an der Allee, die sich grell in der Hitze hinwand. Die prallen, lederartigen Blätter des Gewächses deckten sich gleich Ziegeln und aus rosa Blattscheiden züngelten die purpurroten fingerlangen Fruchtknoten, weißgesprenkelt, schleimglänzend, an den Spitzen wurmartig gewunden. Sie zog die Äste zu einem Vorhang vor ihre lauernden, gelbbraunen Augen; sie blinzelte tückisch.« Das »wie« des ersten Satzes wird recht schnell kassiert, und in einer expressionistischen Prosa, die sich klanglich an der Schilderung der vegetabilen und animalischen Morphologie berauscht, rückt die Frage, ob es da jetzt um eine Frau geht oder tatsächlich um ein Krokodil, völlig in den Hintergrund. Nicht ganz so grell, aber vergleichbar oberflächenverliebt schreibt Joshua Groß. Die Basketballhalle, in der Lenell auf Spechtmensch trifft, »war auf einen Hügel gebaut, prestigeträchtig, aus Sichtbetonelementen wie ein Schuppenpanzer und umgeben von Palmen. Lenell liebte es, den Hügel hinaufzukommen, wenn die Halle in den rosa und grünen Vereinsfarben mit Stoffbannern behangen war; am erhabensten war es in der Dunkelheit, wenn Scheinwerfer in ebenjenen Farben die Panzermosaike einzeln erleuchteten.« Erleuchtet oder eher zum Klingen gebracht werden in einer derart atmosphärisch aufgeladenen Welt ohnehin schon großartige Begriffe wie »Erinnerungsschaum« oder »Flüsterasphalt«. Freilich nicht als romantische ›Zauberworte‹. Das Verdrehte, Verschraubte bildet keine Schönheitslinie. Die Welt von ›Plasmatropfen‹ ist vielmehr eine der »strukturellen Misskonfiguration«, für deren Beseitigung es »eigentlich Berufspolitikerïnnen und demokratische Institutionen gab, eigentlich, eigentlich«.

Das resignativ wiederholte »eigentlich« lässt eine Überlegung keimen, wie sie auch Wolfgang Ullrich mit Blick auf die Gegenwartskunst angestellt hat – nämlich ob das, was einst autonom, also ›nur Kunst‹ gewesen ist, sich möglicherweise gegenwärtig in Aktivismus auflöst oder zumindest zu einer Form entwickelt, die ›auch Aktivismus‹ ist. »Würde es beispielsweise keine Kunst geben«, fragt sich Helen, die von dieser misskonfigurierten Welt »zeugte, wie schlimm wäre das eigentlich? Die nachfolgenden Menschen hätten ein Ambiente, auf das sie aufpassen müssten, sie hätten nicht nur Ruinen, na ja, das war zu einheitlich gedacht, meinte Helen, ein unbrauchbares Gegrübel. Grob war ihre Frage: Was würde es nachfolgende Menschen kümmern, wenn es eine Unterbrechung in der Kunstgeschichte gegeben hätte zugunsten einer Umwelt, die wieder intakt sein darf«? Aber »die Zusammenhänge« sind nun einmal »nicht grob, sondern fitzelig und schwankend«, und diese »Zusammenhänge im Groben zu veruntreuen, passierte eh schon andauernd«. Deshalb braucht es Kunst. »Sehr kunstige[] Kunstprojekt[e]« sind aber nicht so sehr Helens Ding. In diese Kategorie fallen aber paradoxerweise auch solche, die sich vor lauter ›Relevanz‹ nicht mehr um die Form, nicht mehr um die Eigenlogik des Ästhetischen scheren, die ihre Kunstanmutung vielmehr aus der vermeintlichen Radikalität beziehen ›nicht mehr Kunst‹ zu sein.

Joshua Groß gehört zu einer anderen Fraktion. Seine Ästhetik ist wesentlich von einer Struktur modaler Abwägung geprägt; ein ›Denkraum der Besonnenheit‹ (Aby Warburg), den man, auch wenn das ein bisschen altmodisch klingt, trotz aller Krisen bewohnt. Dabei gehört die Frage nach der Sinnhaftigkeit künstlerischen Tuns selbstverständlich dazu, schon damit es nicht zu gemütlich und selbstgefällig wird. »Ich versuche auszudrücken, was man nur ausdrücken kann, wenn man malt«, formuliert Helen im Gespräch mit einer radikalen niederländischen Öko-Aktivistin. »Ich versuche, mich nicht ausschließlich an meinem Schmerz und meiner Sehnsucht zu orientieren.« Als ästhetische Strategie hierfür dient die Verzeichnung der Geschehnisse ins Grelle oder Schräge. Schauen wir etwa das Quartier an, das die Umweltaktivistïnnen in einer ehemaligen Einkaufsmall bezogen haben: »Wo einst ein Springbrunnen gewesen war, wuchsen jetzt fluoreszierende Farne im Becken. Daneben waren Kübel, in denen Magmapalmen, Mangobäume und Zierahorn gediehen. Helen wich einem Säuberungsroboter aus, der surrend herumrollte. Kamilla bat Helen, in einen Raum zu treten, der früher einmal ein

Nagelstudio gewesen sein musste. Helen meinte, dass sie Lösungsmittel riechen konnte.« Fluoreszierende Farne und Magmapalmen (was ist das überhaupt?) direkt neben einem Normcore-Gewächs wie dem Zierahorn sorgen einmal mehr für eine spacig-weirde Atmosphäre. Mit dem Säuberungsroboter hat ein Gerät ein Cameo, das wir schon aus »Flexen in Miami« in der Spezialversion für Swimmingpools kennen. Dort wird es in einer Free-Willy-Aktion am Strand in Freiheit gesetzt, um »im Säuberungsprogramm im Energiesparmodus« im Meer zu verschwinden – ein bestechendes, verzweifelt-ironisches Bild für Umweltaktivismus. In »Plasmatropfen« residieren die Aktivistinnen nun ›Better call Saul‹-mäßig in einem ehemaligen Nagelstudio, und dass Helen meint, dort »Lösungsmittel« zu riechen, ist keineswegs albern oder kalauernd. Tatsächlich ist es genauso ernst wie die »Aufräumarbeiten« vom Romanbeginn, aber eben, wie man das auch von den Künstlerinnenporträts Neven Allgeiers kennt, zugleich verschraubt, eingelassen in die reale Welt und nicht kunstphantasmatisch über ihr schwebend.

Wie der Seismologe Lenell ist auch Helen hyperempfindlich. Wenn sie sich in Holland in Territorien unter dem Meeresspiegel befindet, spürt sie das nicht nur körperlich, sondern sieht die Normalnull auch als »schimmernde Fläche«. Ihr Herzschlag passt sich dem Pieprhythmus eines daueralarmierten Feuermelders an. Nicht zuletzt verfügt sie über telekinetische Fähigkeiten. Diese versucht sie »weltverändernd« einzusetzen, und zwar im Kampf sowohl um den Erhalt von Permafrostgebieten als auch gegen Lenells Depression. Die ›Misskonfiguration der Welt‹ prägt nicht nur das Verschraubte der Körper, sondern auch die Sprache – beides nicht zu Lasten ihrer jeweiligen Attraktivität. Als Lenell und Spechtmensch das erste Mal voreinander stehen, klingt das so: »Sie standen noch immer müßig zu beiden Seiten des Zauns, in halb angestrengten, halb frivolen Positionen, die Arme eigenartig in die Hüften gestemmt, die Beine selbstsabotierend verdreht, die Becken ungesund im Körper rumschummelnd.« »One can be serious about the frivolous, frivolous about the serious.« Joshua Groß' Prosa verschraubt das Linkisch-Verdrehte der Figuren mit eingestreuter Kolloquialität, etwa in Form von abtönenden Interjektionen wie ›tja‹ und ›na ja‹, und hier und da ein bisschen akademisch Gespreiztem, worin Orte sich »fragilisieren«, Mienen »insistieren« oder über »ontologische Widrigkeiten« debattiert wird. Manchmal wirkt die Sprache des Romans wie jenes »Exoskelett«, das Lenell gegen den inneren Verfall anlegt, was seiner Depression eine cyberpunkige Anmutung verleiht. »Schreckenstexte« dieser Art machen Lust, weil sie, wie Roland Barthes, der MC solchen Plaisirs, schreibt, »trotz allem kokette Texte« sind.

Man bleibt also involviert, verschraubt in diese Welt, die stets auch eine Welt der Tankstellen und jener Snacks ist, die Helen vom ersten Satz an ›braucht‹. So wie bei dem ein bisschen in Vergessenheit geratenen Joachim Lottmann in seiner romanhaften Ostdeutschland-Erkundung »Deutsche Ein-

DENOLA GUGAVA, 2023 @ Neven Allgeier

heit« aus dem Jahr 1999, in der er den Osten mit Versteheraattitüde auf der Suche nach ›authentischer DDR-Erfahrung‹ durchstreift, in der festen Absicht, dem Feuilleton endlich den vielfach eingeforderten ›großen Wenderoman‹ zu ›schenken‹. Eine der ›Feldstudien‹, ein Fahrradtrip von Berlin nach Potsdam, verläuft so: »Nach tausend Kilometern kam eine westlich orientierte ›BP‹-Station (British Petroleum), das erste soziale und menschliche Zeichen bis dahin. Ein netter Mann war da drinnen, der die Kasse bedienen konnte, Westgeld gerne annahm und mir haufenweise Red Bull, Traubenzuckerglukose, Haribo-Konfekt, Studentenfutter Spezial von Bahlsen und andere Aufputschmittel [...] verkaufte.« Vielleicht muss man die Sache mit den Helden ›von gleichem Schrot und Korn‹ in der Gegenwartsliteratur auch mal so sehen. »In den Anfangsjahren hat Miki geraucht und viel Kaffee getrunken und drei Snickers am Tag gegessen, wie ein normaler Mensch«, legt Barbi Markovićs Leipzig-Preisträger »Minihorror« das entsprechende Standardmaß fest. Und wenn der Fußballer Ivo Trifunović in Schachingers »Nicht wie ihr« eine – na, was wohl? – Tankstelle betritt, dann kauft er sich umgehend »Airways und ein Red Bull-Cola. Den Kaugummi kaut er schon, bevor er bei der Kassa ist, zahlt, nimmt einen Schluck vom Cola und vergleicht irgendwie das Gefühl beim ersten Schluck, wenn das Menthol von der Flüssigkeit durch den Kopf geblasen wird und ihn mit dieser Frische fast sprengt, mit dem was in ihm los ist«. So ist das mit Proust und Erinnerungsschaum heute: mit Pop, der seinen Namen im Wortsinn auch von einer oralen Erfahrung hat, dem Platzen der Kohlensäurebläschen von Sodapops.

In »Plasmatropfen« bleibt diese Sphäre bei allem Leid an der Kaputtheit der Welt wichtig. Sie sensuell und gefühlsmäßig im Spiel zu halten, ist ästhetisch zentral, weil sie zu unserem In-der-Welt-Sein gehört, weil man nur so die »Schichtungsverhältnisse der Gegenwart« im Blick behält (so noch einmal der »Zauberberg Bubble«-Essay), weil man nur so ästhetisch aufmerksam und genau sein kann und nicht frömmelnd-verlogen: »Helen ging zum Snackautomaten, wählte eine Fertigsuppe (Tomate), hielt ihre EC-Karte gegen den Sensor und schaute zu, wie die Tüte hinter dem Plexiglas von der silbernen Spirale zur Kante gedrückt wurde, schließlich kippte und fiel. Nachdem Helen sich die Tüte gegriffen hatte, trottete sie zurück zu ihrem Container und kochte Wasser. Sie füllte das Suppenpulver in eine weiße Schale und übergoss es. Helen wartete. Nach drei Minuten rührte sie um und sah zu, wie sich das verklumpte, rostrote Pulver strudelnd auflöste. Es roch geradezu giftig, geschmacksverstärkerisch, verräterisch, warm, köstlich. Quasi mit allem, was sie tat, kollaborierte sie mit dem Gegebenen.« Joshua Groß ist ein Kollaborateur, ein Autor der Verstrickung, der »Kontamination« oder »Korrumpiertheit«, wie es manchmal sogar streng heißt, und das manifestiert sich ganz besonders im Konsum schaurig-köstlicher Snacks. Mögen die großen Ästhetiker spotten, Adorno das Schmatzen Nachkriegsdeutschlands verachten oder Roland Barthes Literatur,

YULYA KASTRYULKA, 2023 @ Neven Allgeier

DARIA LYUBOVE, 2023 @ Neven Allgeier

die er für flach und undifferenziert hält, als »Säuglingssprache« und »Debakel von Schmatzern« verspotten – hier kommt ein Autor des Oralen, des Mundraums, und dieser ist vor jeder exquisiten ›Gastrosophie‹ ein Organ der Verbindung ins Jetzt. In einem »billigen All-you-can-eat-Buffet« in Egio, das den merkwürdigen Namen »Kaisergarten« trägt und Lenell immer »billig erschienen« war, »zu shady, zu generisch«, sitzt er unter Tavor, heimgesucht von Panikattacken und krampfigen Heiratsphantasien, mit Helen in der Nähe eines Aquariums: »›Siehst du die Goldfische?‹, fragte er und zeigte unwirsch zum Aquarium. ›Schön, oder?‹«. Darauf geht er vor dem Aquarium auf die Knie und schleckt mit hin und her schwingendem Oberkörper »mit seiner Zunge an der Glaswand die Schwimmspuren der Goldfische nach«. »Wirbeltiere«, heißt es bei Luca Kieser, »haben alles darauf gesetzt, sich die Welt einzuverleiben zu können«. Aus Hannah Arendts New Yorker Vorlesungen über Kants »Kritik der Urteilskraft« kennen wir die Überlegung, dass sich sehr wohl über Kunst streiten lässt, nicht aber über den Geschmack von Austern, denn zu überwältigt seien die Sinne, »unvermittelt durch Denken oder Reflexion«, und deshalb sei »die eigentliche Objektivität des gesehenen, gehörten oder berührten Dinges in ihnen vernichtet oder zumindest nicht anwesend.« (Arendt 1982: 89). Bei Joshua Groß ist das anders, wie auch ein Künstlergespräch zwischen Joshua und Lisa im Vorgängerroman »Prana Extrem« über ›Kellogg's Frosties‹ erahnen lässt:

> »Warum isst du nicht?, fragte Lisa nach einer Weile. Ich hockte da und schaute ins Tal, die Schüssel in meiner Hand, die Katze lag schnurrend neben mir, ihren Kopf gegen meinen Oberschenkel geschmiegt. Ich warte noch kurz, bis die Milch ein bisschen einwirkt, sagte ich. Das packe ich überhaupt nicht, sagte Lisa, du bist echt crazy beim Essen. [...] Das ist dermaßen eklig, wenn die Cornflakes so weich werden, sagte Lisa und schob sich einen Löffel in den Mund; direkt darauf zermalmte sie die krossen Flakes geräuschvoll. So muss sich das anhören, sagte sie, crispy und brutal. Ja?, fragte ich.
> Sofort essen, das ist wichtig, sagte sie. Ich finde es geil, wenn die Milch zuckrig wird und überhaupt alles ein bisschen mehr ineinander verklumpt, deshalb warte ich noch kurz. Ja klar, sagte Lisa, genauso bist du nämlich. Labbrig?, fragte ich. Lisa zuckte vielsagend mit den Schultern. Sie schaute mich an, mit ihren wachen Augen, ein bisschen flirty. Wir kicherten über uns selbst. Ich begann meine Cornflakes zu essen und Lisa schüttelte sich dabei übertrieben, um mich zu necken.«

De Frostibus non est disputandum? Offenbar doch, markiert die Weise, wie wir sie uns einverleiben, doch mit hoher Präzision den Modus unseres In-der-Welt-Seins. Es mag seltsam klingen, aber Geschmack ist nicht durch Zufall zur zentralen ästhetischen Kategorie geworden, und zwar nicht nur im Deutschen, sondern in vielen europäischen Sprachen (taste, goût, gusto). Der entscheidende Punkt ist dabei, dass der Geschmackssinn viel körpernäher und dadurch subjektiver ist als Gesichtssinn oder Gehör, die für die ästhetische Theorie durchweg bedeutsamer, da sie mit bildender und sprachlicher Kunst und Musik verbunden sind. Sehen oder Gehör bezeichnet man als Distanzsinne. Was man hört oder sieht, liegt einem nicht auf der eigenen Zunge. Schmecken ist laut Arendt hingegen besonders idiosynkratisch, verstrickt und kontaminiert, und genau das ist hier der Punkt.

»Es gibt keine Existenz ohne Kontamination«, sinniert Joshua in »Prana Extrem«, »ich will gar nicht mehr unantastbar sein, sondern brüchig, aufbrechend«. Verstrickt ist man einerseits ins Arty-Spacige, »in den Himmel«, wie es bei James Turrell heißt, »I'm totally involved in the sky«, in eine »Unendlichkeit«, »extrem lila«, »traumrosa, internetrosa«, »flashy und bizarr und wundersam«, »dermaßen sphärisch und exstatisch«; verstrickt ist man aber auch in das, mit dem wir sonst so leben: Gatorade, auch sie »lilafarben[]« und »krass künstlich«, oder Chupa Chups-Lutscher, die man manchmal »krachend zerkau[en]« muss, »um einer inneren Erhebung beizukommen«. (Chupar heißt im Spanischen übrigens ›schlecken‹ oder ›saugen‹, und das Firmenlogo hat einst Salvador Dalí entworfen). Wenn Helen in ›Plasmatropfen‹ ein Croissant verspeist, dann geht es nicht um blinde Einverleibung, sondern um Geschmack als sensorisches Erlebnis: »Das mochte sie, das Schuppenhafte des Croissants nicht anerkennen. Am besten direkt noch Kaffee zwischen den gespannten Lippen einsaugen, damit eine Pampe entstand, die Arbeit erforderte, Ungeduld im Mund.« Dieses ganz Eigene und Besondere, das Idiosynkratische, wird so nicht vernichtet, sondern ästhetisch im Spiel gehalten. Denn das alles kann, mit Richard Rorty gesagt, »dazu dienen, eines Menschen Sinn für Identität mit sich selbst zu dramatisieren und zu kristallisieren« (Rorty 2007: 74). »Menschsein ist meistens doch sehr verräterisch«, heißt es in ›Prana Extrem‹, und weiter: »Die kleinen Brotecken im Salat waren supercrispy, das war belebend irgendwie, also jeder einzelne Biss manifestierte mich ein Stück weit mit. Kannst Du einfach kauen, dachte ich mir gegenüber, kannst Du einfach nur weiterkauen bitte«.

Die beiden Rehlein, die hier so auf der Gegenwartsliteraturlichtung beieinanderstehen (wie Musiala und Wirtz, hätte ich jetzt fast geschrieben), falten nicht fromm ihre Zehlein und beten zur Nacht. Ihre Verschraubtheit und Weirdness sind ihr Ernst.

CORNY

Sincerity can be simple philistinism, intellectual narrowness
(Susan Sontag)

Im Mai 2024, möglicherweise legt er da gerade letzte Hand an die Fahnen von »Plasmatropfen«, postet Joshua Groß in seiner Insta-Story ein Zitat aus dem Science-Fiction-Roman »Dhalgren« des amerikanischen Autors Samuel R. Delany: »Und ich weinte über all die Dinge, die die Leute nicht verstehen, wenn andere Leute sie aussprechen. Ich weinte über das Wunder, dass sie überhaupt etwas verstehen können. Ich weinte um all die Dinge, die ich anderen Leuten gesagt hatte und die sie vollständig missverstanden hatten, weil ich es unwissend falsch gesagt hatte. Ich weinte vor Freude über die Situationen, wenn jemand anders und ich gemeinsam über etwas Verstandenes gelächelt hatten, ob real oder herbeigewünscht.« In Sachen Krake oder Spechtmensch findet sich in der Gegenwartsliteratur erfreulich viel, würde ich bis hierher sagen, was auf Delany-Art zum dankbaren Weinen bringt, nämlich ›überhaupt etwas verstehen zu können‹ bzw. über etwas real oder herbeigewünscht Verstandenes zu lächeln. Schaut man allerdings auf andere gegenwartsliterarische Diskussionen, etwa wie Ostdeutsche und ihre Lebensform darzustellen sind, fühlt man sich manchmal eher auf peinliche Weise an das Schicksal von Wittgensteins Löwen erinnert. »Doch daß wir sprechen und uns nicht verstehn / und keinen Augenblick des andern Hand erreichen // zerschlägt so viel / schon den Versuch bedrohen fremde Zeichen«, zitiert eines der Kapitelmottos von Anne Rabes Roman »Die Möglichkeit von Glück« ein Ingeborg Bachmann-Gedicht, weniger weird als Delany, dafür etwas kitschiger. Ein weiteres Motto bemüht den Generalstaatsanwalt der Frankfurter Auschwitzprozesse Fritz Bauer: »Ich sehe darin nicht eine Beschmutzung des eigenen Nestes; ich möchte annehmen, das Nest werde dadurch gesäubert.« Das ist in eigener Sache formuliert, denn Anne Rabe, geboren 1984, erzählt in einer Art inszeniertem Recherchemodus von einer furchtbaren, von Gewalt geprägten DDR. Die Mutter, eine Sadistin, arbeitet in einem Erziehungsheim, prügelt ihre Kinder, setzt sie mit Vorliebe in brühend heißes Badewasser. Opa war bei der Stasi und hat zur Sicherheit noch eine Landser-Vergangenheit. Das alles soll sinnbildlich für die DDR und ihre »Gewaltgeschichte« stehen, was der Text den Leserïnnen auch bereitwillig leitartikelnd erklärt: »Wir halten uns selbst für gut informiert und möchten, dass auch zukünftige Generationen über das dunkelste Kapitel deutscher Geschichte aufgeklärt werden. Untersuchungen wie der ›Erinnerungsmonitor‹ der Universität Bielefeld oder die von der Universität Hannover geleitete Mehrgenerationenstudie ›Tradierung von Geschichtsbewusstsein‹ haben aber nicht nur aufgedeckt, dass die Erinnerungskultur ein wesentlicher Bestandteil des bundesrepublikanischen Selbstbewusstseins ist, weshalb das

Wissen über den Nationalsozialismus und die Ablehnung dieser Gewaltherrschaft familiär routiniert weitergegeben wird«. Genauso routiniert würden freilich »Entlastungserzählungen und Lügen« weitergegeben, sodass »Max Mustermann« gewiss sagen könne, dass die Nazis Juden, Homosexuelle, Sinti und Roma, körperlich und geistig Behinderte »mit deutscher Gründlichkeit verfolgt, gedemütigt und ermordet haben«. Ebenso sicher sei er sich aber auch, »dass Opa Hänsel und Uroma Gretel damit nichts zu tun hatten«.

Die Bedeutsamkeitsanmutung ist recht einfach: Westdeutsche erinnern sich an das, was sie nicht leugnen können (außer Typen wie Maximilian Krah), täuschen sich aber über die familiäre Beteiligung daran (weshalb die vielen ›Opa war Nazi‹-Bücher ästhetisch erwünscht wären?). Ostdeutsche können die Beteiligung an der Nazi-Vergangenheit qua antifaschistischem Staatsverständnis leugnen, und dies hängt nun, so wird suggeriert, irgendwie auch mit der Verstrickung von Mama und Opa in die DDR-Ideologie zusammen. Irgendwie halt. Genug für die westdeutsche Literaturkritik, immensen Relevanz- und Dringlichkeitsverdacht zu schöpfen: »Das Buch der Stunde«, titelt die etwa ›Die Zeit‹, denn Rabes Text füge sich »perfekt« in die »Ost-West-Debatte« ein. Aber inwiefern eigentlich? »Das Buch zieht die Parallele zwischen dem Sadismus der Mutter und der Gesellschaft der DDR«, stellen Franziska und Jonas Haug fest, und kommentieren nüchtern, dass es »dafür keinen ursächlichen Zusammenhang« gibt, »zumindest keinen, der ein Alleinstellungsmerkmal der DDR gegenüber der BRD wäre«. Touché. Nicht dass jede Art der Gewaltgeschichte in der DDR eine ›westdeutsche Erfindung‹ wäre, aber bedient Anne Rabes Buch, fragen die Haugs, nicht einfach nur ein gut vertrautes westdeutsches Narrativ? Da ist eine vage, alltägliche Gewaltanmutung, die, hinterlegt mit entsprechend vagen NS-Parallelen, eine Form talkshowtauglicher ›Zeitdiagnostik‹ inszeniert, der gegenüber sich Westleserïnnen »entspannt zurücklehnen« und, mit Eco gesagt, das gute Gefühl genießen können, das Herz der Kultur schlagen gehört zu haben – wo der Osten doch strukturell als soviel »rechter« und »gewalttätiger« erwiesen wird als man selbst. Damit kommt man in die Nähe des Deutschen Buchpreises, und »Die Möglichkeit von Glück« fand sich auch tatsächlich auf dessen Shortlist. Das fast »inflationär« aufgebappte ›Buch der Stunde‹-Label ist tatsächlich, wie die Soziologin Carolin Amlinger argumentiert, eng verknüpft mit den real empfundenen »Bedeutungsverlusten« einer Buchbranche, die ihre Relevanz prominent mit dem Deutschen Buchpreis zelebrieren möchte. Ergo: Mag Tonio Schachingers Roman »Echtzeitalter«, der Preisträger 2023, zwar ein sehr gutes Buch sein, so die einhellige Meinung, aber, kommentiert Mara Delius in der »Welt«: »Nicht jedes gute Buch ist für jeden Moment das richtige.« Und warum? Tja, weil, auch wenn man die Reden zur Buchpreiseröffnung, die beschwören »wie wichtig das Buch ›gerade heute‹ ist, dass Bücher ›etwas bewirken‹ sollen«, ein wenig »frömmelnd« findet, man sich am Ende eben doch dem Narrativ anschließt, dass von einer solchen Auszeichnung ein »politisches Signal« auszugehen habe und deshalb Anne Rabes Roman »die beste Wahl« gewesen wäre. Natürlich »nicht etwa aus außerliterarischen, sondern aus literarischen Gründen«, wird dann nachgeschoben und nicht weiter begründet.

Was aber sind die literarischen Verfahren, die bei diesem Text ins Auge stechen? Da ist zum einen etwas, was die Erzähltheorie als ›constant editorializing‹ bezeichnet, eine Haltung permanenter Selbsterklärung, die die Leserïn überfürsorglich an die Hand nimmt. Die Leitartikel-Variante haben wir schon kennengelernt, hier nun die Version, wie der Erzählton gesetzt wird: »Alle Familien haben solche Geschichten. Gemeinsame Erlebnisse, die eine Familie zu einer Familie machen. Geschichten, die man sich immer wieder erzählt. Die Geschichten von einem missglückten Weihnachtsbraten, von Irrfahrten zu einem lang ersehnten Urlaubsziel, Missgeschicke und Tollpatschigkeiten, die einem immer noch die Lachtränen in die Augen treiben. Diese Geschichten, an die man denkt, wenn man ›Zuhause‹ denkt. Was Tim [Bruder der Erzählerin, HD] und ich uns erzählen, wenn wir über unsere Kindheit sprechen, sind Geschichten davon, wie wir gelernt haben, still zu sein« – nicht einfach nur so, sondern im brühheißen Badewasser und beim Geschlagenwerden, nota bene. Hier sind zwei Aspekte zu bemerken. Der Text eröffnet der Leserïn die Möglichkeit, an glückliche Lachtränen über Familienmythen – Weihnachtsbraten, Urlaubsfahrten – zu denken, vergleichbar Reklameclips, die den Zauber des Nachhausekommens beschwören. Gleichzeitig sondert die Erzählkonstruktion solche Erinnerungen (an die DDR!) rigoros aus und bringt die Erzählstimme damit in eine bemitleidenswerte, aus der Sicht ›kritischen Kulturkonsums‹ aber auch ›schmerzhaft‹ (ein Lieblingsepitheton des Textes) aufklärerische Position, denn wer will schon Reklamemythen hinterherschreiben.

Hat Thomas Brussig geahnt, was da kommen würde, als er in sein gemeinsam mit Leander Haußmann verfasstes Drehbuch zum Film »Sonnenallee« konsequent poppiges Verliebt- und Glücklichsein in der DDR ins Zentrum stellte? Auch Stine, der Heldin bei Anne Rabe, wird mitunter ein bisschen »Fun« gegönnt, etwa wenn sie mit ihrer Freundin Krissi zu einer Party auf einem »alten Bauernhof« fährt, und dort, bei Leuten aus der »Öko-Schiene«, voller Begeisterung lernt, Zigaretten zu drehen und zu rauchen. Das ›dicke Ende‹ kommt jedoch – zwar nicht sofort, aber »einige Jahre später«, als Stine »in einer Recherche« darauf stößt, dass die »Partylocation« »bis zum Ende der DDR ein Jugendwerkhof gewesen« sei; und da sie vorgeblich nicht weiß, was das ist, präsentiert sie sich selbst und ihren Lesern ein per »Suchmaschine« gefundenes DDR-Gesetzesblatt zum Thema »Umerziehung«. »Ich las davon zum ersten Mal« (echt jetzt?). Und empört ruft sie ihre Mutter an: »Sie hatte mich an diesen Ort gefahren, ohne auch nur ein Wort zu erwähnen. Wusste sie vielleicht nicht, was dort nur wenige Jahre zuvor passiert war? Dass man Jugendliche umerzogen, ihnen die Ausbildung verwehrt und sie stattdessen Zwangsarbeit auf dem Feld hatte leisten lassen.« »Wir haben Hunger«, lassen Brussig und Haußmann ihre jugendlichen Helden theatral ausrufen, wenn sie von Westlern auf Mauerspotting-Tour beobachtet werden. Auch der Soziologe Steffen Mau macht in »Lütten Klein«, einer ›persönlichen Sozialgeschichte Ostdeutschlands‹, das Thema Erziehung und Disziplinierung der nach sowjetischem Vorbild gestalteten Jugendwerkhöfe als Ausdruck der »Normierungsgesellschaft der DDR« zum Thema, auch der Wehrkundeunterricht, an dem man teilnehmen musste, kommt zur Sprache. Was sich unterscheidet, sind die Perspektive (des Involviert-gewesen-Seins) und der deutlich weniger dramatische Ton. Das klingt dann so: »Diese Zweigleisigkeit aus oberflächlicher Zustimmung und innerer Distanz war weit verbreitet, sie gehörte irgendwie zum Sich-Einrichten dazu. Bei aller Alltagssolidarität, allem Widerspruch im Kleinen und allem privatistischen Rückzug, dem Gros der Werktätigenklasse der DDR ging es auch bei ihren Kindern um eine ›Anpassung an die objektiven Möglichkeiten‹, nicht um einen Gegenentwurf oder eine Gegenkultur, so dass sie letztlich als duldende und schweigende Masse den Fortbestand der politischen Verhältnisse sicherten, zum Teil halbwegs zufrieden, aber auch resigniert und abwartend.« Was durch diese nüchternere Perspektive möglich wird, ist ein Blick für die »Ambivalenzen und Widersprüche zwischen individuellem Leben und politischer Funktion in der DDR«, wie ihn auch Franziska und Jonas Haug fordern. Was sich eigentlich nicht so schwer anhört, scheint für die Literatur mehr so der Krake oder der Löwe zu sein. Literarische Meriten erhält man jedenfalls eher für die Darstellung einer solchen Gegenkultur, sei sie bildungsbürgerlich-high (Tellkamp) oder underground (Lutz Seiler).

Einen interessanten anderen Versuch macht ausgerechnet eine Autorin mit West-Biografie und einem Geburtsjahr nach der deutschen Wiedervereinigung. Gemeint ist Charlotte Gneuß und ihr Roman »Gittersee«, ja genau, die mit der Mängelliste, in der sie darauf hingewiesen wurde, dass es nicht ›Plastik-‹, sondern ›Plastetüte‹ hieß, und dass man in der Elbe nicht baden konnte, und diese Liste wurde dann vorsorglich auch noch der Buchpreisjury zugespielt (wo sie in großen Teilen gar nicht ankam). Was lernen wir daraus? Das darf sie scheinbar nicht, diese junge Frau, was weiß sie denn schon und was will sie damit, außer am Ende Buchpreise gewinnen (was zumindest der Gegenstand mit Blick auf die Preistexte vergangener Jahre auch nicht unbedingt unwahrscheinlicher werden lässt). Eine ziemlich interessante Frage wird bei derlei Mansplaining nicht erörtert, nämlich wie zukünftig von einer Generation über die DDR geschrieben wird, die sie nicht erlebt hat, die also nicht mit jener ›Authentizität‹ dienen kann, die unsere realistischen Erzählarrangements hegemonial beherrscht. Wo Anne Rabe sich beflissen auf die Tour durch Suchmaschinen und Archive begibt, da gestaltet Charlotte Gneuß ihren Text ganz unverhohlen (und gar nicht anders möglich) »nach den Medien«, im wie auch immer ›bedrohlichen‹ Durchgang durch »fremde Zeichen« und damit um eine ganze Umdrehung reflektierter. Denn welch andere Assoziationen weckt das titelgebende (fiktionale) »Gittersee«, als das per TV-Serie bekannte »Weißensee« (mit seiner Romeo und Julia-Geschichte über systemtreue und -kritische Familien)? Und natürlich schwingt auch die oscartaugliche Hitversion der DDR, »Das Leben der Anderen«, mit. Während dort der Stasi-Beamte durch die mit Streicherschmalz untermalte Lektüre von Brechts Gedicht »Erinnerung an die Marie A.« zu einem guten Menschen geläutert wird, intradiegetisch nochmals untermalt mit der (fiktionalen, aber an Eisler erinnernden) »Sonate vom guten Menschen« des überwachten Komponisten, ist bei Charlotte Gneuß der Stasimann Wickwalz eine ebenso attraktiv-diabolische wie alltäglich banale Gestalt, die im Dorfladen einkauft und bei der im Auto sitzend man ›Für Elise‹ hört. Eine ziemlich interessante und nach meiner Wahrnehmung vor lauter Plastetütenauthentizität null diskutierte Erzählkonstruktion, zumal die adoleszente Erzählerin auch nicht als hehres Opfer erscheint, sondern selbst zum IM wird (teils aus Liebesverletzung und Eifersucht, teils aus Geltungsbedürfnis).

Was und wie hier verschraubt und gekaut wird, bleibt »doch meist sehr verräterisch«, um Joshua Groß' Worte zu benutzen. »Die neue Zeit« beginnt für die Erzählerin von Anne Rabes Roman noch im Kindergarten damit, dass das Mittagessen nicht mehr gekocht, sondern in »Styroporkisten« angeliefert wird. Darin »echte Corny-Riegel mit Erdbeergeschmack«. Und schwupps wird die Knechtung durch die DDR-Normierungsgesellschaft zu der westlichen Konsumterrors: »Die bunte Verpackung hält nicht, was sie dir versprochen hat. Der Riegel schmeckt scheußlich, und du musst würgen. Aber die Kindergärtnerin, Frau Preußler, sagt, dass Du aufessen sollst. Während die anderen Kinder sich zum Mittagsschlaf hinlegen, sitzt du vor dem Riegel. Der ist nicht zu schaffen. Wie sehr du dich auch bemühst, du bekommst das klebrige Ding nicht runter. Aber. Du. Musst«. Corny ist übrigens nicht nur »der Müsliriegel für jeden Geschmack«. Auch der Begriff ist ein bisschen ›verräterisch‹. Auf Englisch heißt er: kitschig. ◆

LITERATUR

• **ALLGEIER, NEVEN** (2022): Fading Temples. Berlin. • **ALLGEIER, NEVEN/PESEN, SEDA/KUBAPARIS** (2021): Porträts. Berlin. • **AMLINGER, CAROLIN** (2023): Das Buch der Stunde. In: Süddeutsche Zeitung, 09.07.2023, https://www.sueddeutsche.de/kultur/gegenwartsliteratur-trends-im-buchmarkt-debatten-1.6012666. • **ARENDT, HANNAH** (1985): Das Urteilen. Texte zu Kants politischer Philosophie. Herausgegeben und mit einem Essay von Ronald Beimer. München/Zürich. • **BARTHES, ROLAND** (1974): Die Lust am Text. Frankfurt am Main. • **BASSLER, MORITZ** (2022): Populärer Realismus. Vom International Style gegenwärtigen Erzählens. München. • **BRUSSIG, THOMAS** (1999): Am kürzeren Ende der Sonnenallee. Berlin. • **DELIUS, MARA** (2023): Nicht jedes gute Buch ist für jeden Moment das Richtige. In: Die Welt, 19.10.2023, https://www.welt.de/kultur/literarischewelt/article248020570/Deutscher-Buchpreis-Nicht-jedes-gute-Buch-ist-fuer-jeden-Moment-das-richtige.html. • **DÜKER, RONALD** (2023): Das Buch der Stunde. ›Die Möglichkeit von Glück‹ von Anne Rabe. In: Die Zeit, 21.10.2023, https://www.zeit.de/2023/44/die-moeglichkeit-von-glueck-anna-rabe-deutscher-buchpreis-ostdeutschland. • **GNEUSS, CHARLOTTE** (2023): Gittersee. Frankfurt am Main. • **GROSS, JOSHUA** (2018): Die Zauberberg-Bubble. In: Ders./Hertwig, Johannes/Kassier, Andy (Hg.): Mindstate Malibu. Kritik ist auch nur eine Form von Eskapismus. Fürth, S. 300-309. • **GROSS, JOSHUA** (2020): Flexen in Miami. Berlin. • **GROSS, JOSHUA** (2022): Prana Extrem. Berlin. • **GROSS, JOSHUA** (2024): Plasmatropfen. Berlin. • **HAUG, FRANZISKA UND JONAS** (2023): Dieses Land ist es nicht. In: Neues Deutschland, 27.10.2023, https://www.nd-aktuell.de/artikel/1177332.deutscher-buchpreis-dieses-land-ist-es-nicht.html. • **KIESER, LUCA** (2023): Weil da war etwas im Wasser. Wien. • **LOTTMANN, JOACHIM** (1999): Deutsche Einheit. Ein historischer Roman aus dem Jahr 1995. Zürich. • **MARKOVIC, BARBI** (2024): Minihorror. Salzburg/Wien. • **MAU, STEFFEN** (2019): Lütten Klein. Leben in der ostdeutschen Transformationsgesellschaft. Berlin. • **HARAWAY, DONNA** (2015): Anthropocene, Capitalocene, Chthulhucene. Conversation with Martha Kenney. In: Davis, Heather/Turpin, Etienne (Hg.): Art in the Anthropocene. Encounters Among Aesthetics, Politics, Environments, Epistemologies. London. • **RABE, ANNE** (2023): Die Möglichkeit von Glück. Stuttgart. • **RORTY, RICHARD** (2007): Kontingenz, Ironie und Solidarität [1985]. Übersetzt von Christa Krüger. Frankfurt am Main. • **SCHACHINGER, TONIO** (2019): Nicht wie ihr. Wien. • **SONTAG, SUSAN** (1966): Notes on »Camp« [1964]. In: Dies.: Against Interpretation and other Essays. New York, S. 275-292. • **ULLRICH, WOLFGANG** (2022): Die Kunst nach dem Ende ihrer Autonomie. Berlin.

FRÜHERE AUSGABEN

Die ersten vierundzwanzig Hefte der »Pop«-Zeitschrift sind über den Buchhandel und direkt bei transcript erhältlich.

Ausführliche Hinweise zu den einzelnen Heften unter http://www.pop-zeitschrift.de/heftarchiv/

Mit Beiträgen von Urs Stäheli über Buffering, Paula-Irene Villa über die #metoo-Debatte, Wolfgang Ullrich über Influencer – und 15 weitere Aufsätze.

HOORA, 2024 © Sinaida Michalskaja
www.sinaidamichalskaja.com

AUTORINNEN UND AUTOREN

- **MORITZ BASSLER** ist Professor für Germanistik an der Universität Münster.
- **NADJA VON BOSSEL** ist freie Autorin (New Jersey).
- **FRÉDÉRIC DÖHL** ist Strategiereferent der Generaldirektion der Deutschen Nationalbibliothek.
- **HEINZ DRÜGH** ist Professor für Germanistik an der Goethe-Universität Frankfurt.
- **JOHANNES FRANZEN** ist wissenschaftlicher Mitarbeiter am Germanistischen Seminar der Universität Siegen.
- **JOSHUA GROSS** ist freier Autor (Braunschweig).
- **ANDREAS GEBESMAIR** ist Institutsleiter am Department Wirtschaft der FH St. Pölten.
- **THOMAS HECKEN** ist Professor für Germanistik an der Universität Siegen.
- **KAI-UWE HELLMANN** ist Professor am Institut für Soziologie der TU Berlin.
- **ANNEKATHRIN KOHOUT** ist freie Autorin (Leipzig).
- **STEFAN KRANKENHAGEN** ist Professor für Kulturwissenschaft an der Universität Hildesheim.
- **MAREN LICKHARDT** ist Professorin für Germanistik an der Universität Siegen.
- **THERESA NINK** ist wissenschaftliche Mitarbeiterin im SFB 1472 der Universität Siegen.
- **ANDREAS RAUSCHER** ist wissenschaftlicher Mitarbeiter am Institut für Medienkulturwissenschaft der Universität Freiburg.
- **BIRGIT RICHARD** ist Professorin für Neue Medien in Theorie und Praxis an der Goethe-Universität Frankfurt.
- **URS STÄHELI** ist Professor für Soziologie an der Universität Hamburg.
- **WOLFGANG ULLRICH** ist freier Autor (Leipzig).

Weitere Angaben zu den Autorinnen und Autoren finden Sie auf der Internetseite pop-zeitschrift.de.

KOSMETIK, 2024 © Sinaida Michalskaja
www.sinaidamichalskaja.com